AF558407

Clemens Dreyer

# 1x EINKAUFEN 60x KOCHEN

SUMME
EUR
GEGEBEN EUR Bar
Umsatzsteuer (USt)
34.68 netto mit USt
37.11
52.21
1.10 E
19.19 E
2.49 E
0.39 E
97 / 3202/ 3/ 19
VIELEN DANK

Clemens Dreyer

# 1x EINKAUFEN 60x KOCHEN

Foodfotografie: Stockfood Studios/Julia Hoersch

# INHALT

**Pasta aus dem Vorratsschrank kann so viel mehr als Nudeln mit Pesto: Zitronen-Ricotta-Pasta, Kürbislasagne, oder Spinat-Gorgonzola-Sauce schmecken mindestens so gut wie beim Italiener um die Ecke.**

**Salate aus dem Vorratsschrank – ja, auch das geht! Mit Hülsenfrüchten, Rotkohl oder Roter Bete machen die bunten Teller auch noch richtig satt!**

**So gar keine Lust, das Haus zu verlassen? Dank der gut bestückten Vorratskammer stehen dennoch bald Maronensuppe, Maiscremesuppe oder Birnen-Kürbissuppe auf dem Tisch!**

Schon als Kind habe ich mit haltbaren Zutaten gekocht. Nach über 40 Jahren weiß ich nun, dass sich manche Zutaten besser gehalten haben als ich mich selbst.

# WIE LANGE KANN MAN DELIKAT KOCHEN, OHNE EINKAUFEN ZU MÜSSEN?

Willkommen zu einem kulinarischen Abenteuer, das nicht nur den Gaumen verwöhnt, sondern auch die Vorteile einer cleveren und nachhaltigen Küche aufzeigt. In diesem Kochbuch dreht sich alles um die Verwendung haltbarer Zutaten – von köstlichen Hülsenfrüchten bis hin zu Trockenwaren oder Speck.

In einer immer stressigeren Welt, in der Nachhaltigkeit und ein bewusster Umgang mit Ressourcen immer wichtiger werden, bietet die Verwendung haltbarer Zutaten eine Reihe von Vorteilen: Sie ermöglicht eine Reduzierung der Lebensmittelverschwendung, ohne an Qualität einbüßen zu müssen, gleichzeitig lassen sich Geld und vor allem der tägliche Einkaufsstress sparen. Denn um leckere Gerichte zu kochen, braucht es nicht immer Frisches.

Das Haltbarmachen von Lebensmitteln ist an sich nichts Schlechtes. Für das Überleben der Menschheit war es sogar essenziell und notwendig, Nahrungsmittel aufzubewahren und Vorräte anlegen zu können: Rösten, Räuchern, Salzen oder das Einlegen in Öl und Honig gehörten zu den ersten gängigen Verfahren.

Die Verwendung haltbarer Zutaten bedeutet deshalb keineswegs, Kompromisse bei Geschmack oder Gesundheit einzugehen. Tatsächlich können haltbare Zutaten genauso köstlich und vielfältig sein wie ihre frischen Gegenstücke. Viele Gerichte sind dabei vegan oder vegetarisch, weil sich Fleisch erfahrungsgemäß nicht lange hält.

Dieses Kochbuch soll ein Beweis dafür sein, dass man mit den richtigen haltbaren Zutaten und ein wenig Inspiration delikate kulinarische Gerichte schaffen kann, die begeistern. Aber natürlich ist es nicht verboten, auch einmal frische Zutaten hinzuzufügen.

Gutes Gelingen wünscht

# SERVICE

# DELIKAT KOCHEN MIT HALTBAREN ZUTATEN

**Die in diesem Buch vorgestellten Rezepte sind für Genießer zusammengestellt, nicht für Krisen- und Katastrophenfälle. In erster Linie sollen sie zeigen, wie sich mit einer Vielzahl haltbarer und größtenteils unverarbeiteter Zutaten delikate und alltagstaugliche Speisen zubereiten lassen.**

Die folgende Übersicht zeigt, wie man Vorratskammer und Kühlschrank am besten bestückt, um möglichst lange jederzeit köstliche Gerichte zaubern zu können.
Eine kleine Grundausstattung an frischen, aber gut haltbaren Produkten wie Zwiebeln, Knoblauch, Kartoffeln, Äpfeln und Zitronen ist in jeder guten Küche unverzichtbar. Frische Balkonkräuter sind ebenfalls eine tolle Ergänzung, alternativ können tiefgekühlte (z. B. Basilikum) oder getrocknete Kräuter (z. B. Salbei) verwendet werden.

**Gemüsekorb**

- Äpfel
- Balkonkräuter (z. B. Salbei, Basilikum, Rosmarin)
- Bio-Orangen
- Bio-Zitronen
- Birnen
- Ingwer
- Kartoffeln
- Knoblauch
- Zwiebeln

**Vorratskammer (< 12 Monate)**

- Apfelmus
- Apfelsaft
- Bottarga (getrockneter Rogen)
- Cannellinibohnen
- getrocknete Steinpilze
- getrocknete Tomaten
- Gewürzgurken
- H-Milch
- H-Sahne
- Haferflocken
- Käferbohnen

(getrocknet)
- Kapern (in Salz)
- Kichererbsen (Dose/Glas)
- Kidneybohnen (Dose)
- Kokosmilch (Dose)
- Linsen
- Mais
- Marillen (Glas)
- Maroni (vakuumverpackt)
- Mehl
- Oliven
- Orangensaft
- Pasta
- Polenta
- Puderzucker
- Reis (Basmati-, Milch- und Risottoreis)
- Rote Bete (vakuumverpackt)
- Rotkohl (Glas)
- Sauerkraut
- Semmelbrösel
- Tahin (Sesampaste)
- Thunfisch (Dose)
- Tomaten (Dose, passiert und stückig)
- Tomatenmark
- Weißwein
- Zitronensaft
- Zucker

**Kühlschrank (1-4 Monate)**

- Bergkäse
- Butter
- Eier
- Emmentaler
- Frischkäse
- Gorgonzola
- Granatapfel
- Gruyère
- Hokkaido-kürbis
- Joghurt
- Matjesfilets
- Pancetta/Guanciale
- Parmesan
- Ricotta
- Rotkohl
- Schafskäse (Feta)
- Speckwürfel

**Tiefkühlfach (> 12 Monate)**

- TK-Asiagemüse
- TK-Dill
- TK-Erbsen
- TK-Garnelen
- TK-Koriander
- TK-Lachs
- TK-Mango
- TK-Petersilie
- TK-Schnittlauch
- TK-Spinat

**Gewürze, Nüsse, Classics (> 12 Monate)**

- Aceto balsamico
- Ahornsirup
- Apfelessig
- Bratöl
- Cashewkerne
- Currypulver
- Fenchelsamen
- gemahlener Kreuzkümmel
- Gemüsebrühe (Instant)
- getrocknete Aprikosen
- getrocknete Datteln
- Honig
- Koriandersamen
- Kürbiskerne
- Lorbeerblatt
- Mandeln
- Muskatnuss
- Olivenöl
- Peperoncini/Chili
- Pinienkerne
- Pistazien
- Rosinen
- Senf (süß und scharf)
- Sojasauce
- Trockenhefe
- Vanilleextrakt
- Walnusskerne
- Weißweinessig
- Zimtpulver

# DIE WICHTIGSTEN GRUNDZUTATEN VON A–Z

**Das Geheimnis gelungener Gerichte liegt natürlich auch in der Qualität der verarbeiteten Zutaten. Deshalb ein paar Tipps zur Produktauswahl und Vorratshaltung.**

## Butter

Dieses tierische Fett gehört sicherlich nicht zu den gesündesten Zutaten … dafür ist es im Kühlschrank problemlos bis zu 6 Monaten haltbar und für einige Rezepte ein einfacher Geschmacksträger.

## Datteln

Die Früchte der Dattelpalme eignen sich hervorragend, um Gerichten eine natürliche Süße oder einen orientalischen Touch zu geben. Mit den Sorten Medjou oder Mazafati kann man nichts falsch machen. Sie sollten an einem kühlen, trockenen Ort gelagert werden, dort halten sie mehrere Monate.

## Eier

Gerade bei Eiern empfehle ich, auf bio zu achten – leicht an der Bezeichnung »0« zu erkennen. Ob die Bio-Eier allerdings aus Holland kommen müssen, muss jeder selbst entscheiden. Im Kühlschrank aufbewahrt halten sie gut einen Monat.

## Essig

Gerade beim Essig ist die Qualität wichtig, sofern man ihn nicht zum Putzen verwenden möchte. Aceto balsamico, Weißwein- oder Apfelessig sind eine gute Grundausstattung für dem Vorratsschrank. Vor allem hält sich destillierter Essig bis zu 10 Jahren nach dem Mindesthaltbarkeitsdatum.

## Gemüsebrühe

Natürlich schmeckt eine selbst gekochte Gemüsebrühe immer besser und intensiver als der schnöde Brühwürfel – aber da in diesem Buch bei einigen Rezepten auch haltbare Brühe zum Einsatz kommt, lohnt es sich, hier auf Qualität zu achten.

## Granatapfel

Auch wenn der Granatapfel auf den ersten Blick so aussieht, ist er nicht mit dem Apfel verwandt. In Wirklichkeit ist er eine große Beere, die unter der dunkelrote Schale viele säuerliche, vitaminhaltige und leckere Granatapfelkerne verbirgt – perfekt, um viele Gerichte aufzupeppen und fit durch den Winter zu kommen. Neben seinem Geschmack schätze ich vor allem, dass er unangebrochen im Kühlschrank mehrere Monate haltbar ist.

## Ingwer

Dass sich diese würzige Wurzel in den vergangenen Jahren dermaßen etabliert hat, haben wir auch Alfons Schuhbeck zu verdanken. Ingwer ist gesund, schmeckt in vielerlei Kombinationen und sollte deshalb immer vorrätig sein. Am besten hält sich Ingwer in ein Papiertuch eingewickelt an einem kühlen und dunklen Ort, etwa Speisekammer oder Kühlschrank.

## Kapern

Bei Kapern gilt: Je kleiner, desto feiner und teurer sind sie. Denn sie sind die Knospen einer dornigen Pflanze, die größtenteils an öden Flecken rankt und nur kurz blüht. Anschließend erwachsen aus ihnen die deutlich größeren Kapernfrüchte, auch Kapernäpfel genannt. Roh sind Kapern ungenießbar – erst in grobem Salz und Essiglake eingelegt werden sie zum delikaten Würzmittel. Als die besten gelten die in Salz eingelegten von der äolischen Insel Salina (nördlich von Sizilien), die man vor der Verwendung abspült.

## Kartoffeln

Nach ihrem Stärkegehalt werden Kartoffeln in drei Kategorien unterteilt: festkochend, vorwiegend festkochend und mehligkochend. Je mehr Stärke eine Kartoffel enthält, desto lockerer wird sie beim Kochen. Mehlige Kartoffeln sind demnach trockener und weicher als die festkochende Variante. Vorwiegend festkochende Kartoffeln sind der Kompromiss für die meisten Gerichte und deshalb als »Kartoffel für alle Fälle« überall erhältlich. Mehlige Kartoffeln dagegen, ideal für Püree oder Kartoffelteig, bekommt man mittlerweile fast nur noch auf dem Wochenmarkt.

## Knoblauch

Unverzichtbar! Am besten gleich ein paar feste Knollen trocken und dunkel einlagern, bei mir dürfen sie auch in die Kühlschranktür und sind immer einsatzbereit. Auf Knoblauchflocken oder -pulver kann man übrigens gut verzichten – außer man möchte Kantinenaroma.

## Konserven

Eingelegtes Obst, Dosentomaten, Mais und Ähnliches behalten in der ungeöffneten Konserve jahrelang ihre Frische, oft sogar weit über das Mindesthaltbarkeitsdatum hinaus. Insofern können auch mal selten verwendete Sorten, etwa Ananas, eingelagert werden.

## Kürbis

Kürbisse gehören botanisch betrachtet zu den Fruchtgemüsen, einer Mischform aus Obst und Gemüse. Sie entwickeln sich aus bestäubten Blüten, was sie botanisch betrachtet zu Obst macht. Da sie aber jährlich angebaut werden, zählen sie nach der Lebensmitteldefinition eher zum Gemüse. Ganz abgesehen von der Botanik sind sie äußerst haltbar und können je nach Sorte bei kühlen Temperaturen zwischen 10° und 15° bis zu acht Monaten (Hokkaido) gelagert werden.

## Linsen

Ob Teller-, rote oder Belugalinsen – aufgrund ihrer Vielseitigkeit eignen sie sich hervorragend für vegetarische und vegane Gerichte. Linsen müssen vor dem Kochen normalerweise nicht eingeweicht werden und haben eine vergleichsweise kurze Kochzeit. Sie sollten in einem luftdichten Behälter an einem kühlen, trockenen Ort gelagert werden. Offiziell halten sie ein Jahr, sind aber noch lange nach Ablauf des MHD genießbar.

## Mehl

Weizenmehl (Type 405) gehört in jede Speisekammer. Gut geschützt und luftdicht verschlossen ist es noch mindestens mehrere Monate nach Ablauf des MHD gut.

## Olivenöl

In älteren Kochbüchern wurde oft betont, dass hochwertiges Olivenöl an der Bezeichnung »extra vergine« erkennbar ist. Heutzutage sucht man vergebens Öle, die diese Kennzeichnung nicht tragen. Dennoch variiert die Qualität erheblich und wer den Aufwand einer Olivenernte kennt, versteht den Wert eines hochwertigen Öls. Ich beziehe mein Bio-Öl in 5-Liter-Kanistern direkt von meinem alten Freund Andrea aus den Abruzzen und kann es uneingeschränkt empfehlen. Bei Interesse teile ich gerne den Kontakt.

## Oliven

An Oliven scheiden sich die Geister: Die einen lieben sie, die anderen hassen sie. Es gibt sie groß und klein, grün und schwarz, mit und ohne Kern, in Öl oder Lake, gefärbt oder ungefärbt, süß, bitter oder salzig. Die vielseitigste und perfekte Einstiegsolive ist für mich die Taggiasca, die schmeckt sogar Kindern.

## Pancetta

Der ungeräucherte, luftgetrocknete und gewürzte Bauchspeck ist eine besondere italienische Spezialität und nicht mit Speck- oder Schinkenwürfeln gleichzusetzen. Am Stück kann Pancetta, eingewickelt und im Kühlschrank oder an einem kühlen, gut belüfteten Ort aufgehängt, aufbewahrt werden. Gewürfelte und unter Schutzatmosphäre abgepackt ist sie mindestens für drei Monate haltbar und eine Bereicherung in jedem Kühlschrank.

## Parmesan

Guten Parmesan gibt es mittlerweile fast überall, allerdings sollte man ihn immer am Stück kaufen. Er hält sich, in Wachspapier und Folie eingeschlagen, im Kühlschrank mehrere Monate. Reiben sollte man ihn immer erst vor der Verwendung. Für manche Gerichte ist Pecorino eine feine Alternative.

## Pasta

Die Abwechslung, die einem italienische Regionen in Sachen Nudeln bieten, ist wirklich faszinierend. Ob Orecchiette, Bucatini, Fregola oder Bavette – ich finde es wunderbar, dass es über 300 Sorten gibt. Für die Vorratskammer empfinde ich es allerdings als ausreichend, sich auf wenige Sorten zu beschränken und dabei lieber auf die Qualität zu achten. Wenn man original italienische Pasta aus »semola di grano duro« oder »al bronzo« kauft, ist man kulinarisch und was die Haltbarkeit angeht auf der sicheren Seite – meist werden Nudeln sowieso vor Ablauf des Mindesthaltbarkeitsdatums aufgegessen. Am besten immer einige Packungen lange (z. B. Spaghetti) und kurze Nudeln (z. B. Penne) plus ein paar andere Sorten im Haus haben.

## Pinienkerne

In Italien sind »pinoli« fester Bestandteil vieler Gerichte. Sie sollten trocken, kühl und lichtgeschützt aufbewahrt werden. Da die Pinienkerne der europäischen Pinie meist aus Ernten von wild wachsenden Bäumen kommen, sind sie ziemlich teuer. Günstigere Kerne kommen aus China, Russland oder Afghanistan.

## Pistazienkerne

Pistazienkerne kann man mit oder ohne Schale kaufen, in der Regel sind sie gesalzen. Zum Kochen eignen sich natürlich am besten die geschälten Pistazien. Um den Geschmack zu verstärken, werden die Kerne oft noch bei ca. 70° angeröstet, damit sich das Aroma entfalten kann. Pistazienkerne sollten kühl, trocken und lichtgeschützt gelagert werden und halten sich ein paar Monate.

## Reis

Weißer Reis ist bekannt für seine lange Haltbarkeit im Vergleich zu Vollkornreis und bleibt ungekocht beinahe unbegrenzt haltbar. Es ist daher sinnvoll, einige Päckchen zu Hause zu haben, die luftdicht, kühl und dunkel gelagert werden sollten – am besten in der unversehrten Originalverpackung. Unter den verschiedenen Sorten empfehlen sich Langkornreissorten wie Basmati oder Jasmin für ihre aromatische Note sowie Arborio-Rundkornreis für Risotto und Milchreis.

## Rosinen

Rosinen, Sultaninen, Korinthen oder Zibeben? für mich sind die kleine Unterschiede nicht entscheidend. Ich bevorzuge die hellgelben Sultaninen, die aus der kernlosen Weintraubensorte Sultana gewonnen werden. Sie geben den Gerichten eine natürliche Süße und gehören deswegen zur Grundausstattung meiner Speisekammer.

## Rotkohl

Als Salat-Alternative gehört der Rotkohl in jeden Kühlschrank, denn im Ganzen ist er mindestens einen Monat haltbar. Am besten regelmäßig auf faulige Stellen überprüfen – und Blaukraut nicht mit Brautkleid verwechseln, das gibt unschöne Flecken.

## Salz

Das Gute am Salz ist, dass es auch noch 100 Jahre nach Ablauf des Mindesthaltbarkeitsdatums gut zu verwenden ist – es ist meist ohnehin schon über 10000 Jahre alt. Ob grob oder fein, trocken und gut verschlossen gelagert, schlecht wird es nie und hilft obendrein dabei, andere Lebensmittel länger zu konservieren.

## Schafskäse (Feta)

Der traditionelle griechische Käse ist vielseitig einsetzbar und eignet sich am besten zum Verfeinern von Salaten. In Salzlake hält er sich im Kühlschrank lange, in Olivenöl und Kräutern auch in der Speisekammer.

## Steinpilze

Steinpilze – meist italienische »porcini« – sind selbst in getrocknetem Zustand sehr geschmacksintensiv und nicht ganz günstig. Dafür sind sie in einem fest verschlossenen Glas an einem trockenen Platz fast unbeschränkt haltbar und vielfältig einsetzbar.

## Thunfisch

Ist es noch zeitgemäß, Thunfisch zu essen? Als informierter Verbraucher bin ich der Meinung, dass der Genuss hin und wieder schon in Ordnung ist. Ich persönlich bevorzuge dabei Thunfisch aus italienischem Fang. Sowohl in Öl als auch in Lake eingelegt ermöglicht er vielseitige Gerichte.

## Tomaten

Bei Dosentomaten oder Passata ist es leider nicht immer garantiert, dass sie auch wirklich aus Italien stammen: China hat sich zu einem großen Produzenten entwickelt, der viele Tomaten nach Italien exportiert, wo diese dann abgefüllt werden. Wer aber Wert auf beste Qualität legt, sollte unbedingt darauf achten, dass die Tomaten tatsächlich aus Italien stammen – das schmeckt man einfach.

## Vanilleextrakt

Dieser aromatische Geschmacksstoff aus Vanilleschoten verleiht Süßspeisen einen intensiven Vanillegeschmack. Vanilleextrakt ist sein Geld wert, da es das Herauskratzen des Vanillemarks aus den Schoten erübrigt.

## Zitronen

Bio-Zitronen gehören in jeden Kühlschrank, da schon allein die abgeriebene Schale viele Gerichte verfeinert. Wer es nur auf den Saft abgesehen hat, kann die Zitronen auch bei Zimmertemperatur lagern und nach ca. 3 Wochen eingetrocknete/harte Zitronenschalen in Kauf nehmen. Alternativ ist auch ein Bio-Zitronensaft aus der Flasche eine gute und haltbare Alternative.

## Zwiebeln

Einen kleinen Vorrat an Zwiebeln sollte man immer zu Hause haben. Weiße und rote Zwiebeln sind wunderbar vielseitig und gehören zu den Grundzutaten vieler Gerichte. Gelagert werden sie am besten an einem trockenen, dunklen Platz im Vorratsschrank. Bei roher Verwendung sind zusätzlich die etwas milderen Schalotten eine gute Wahl.

# DIE EINKAUFSLISTE

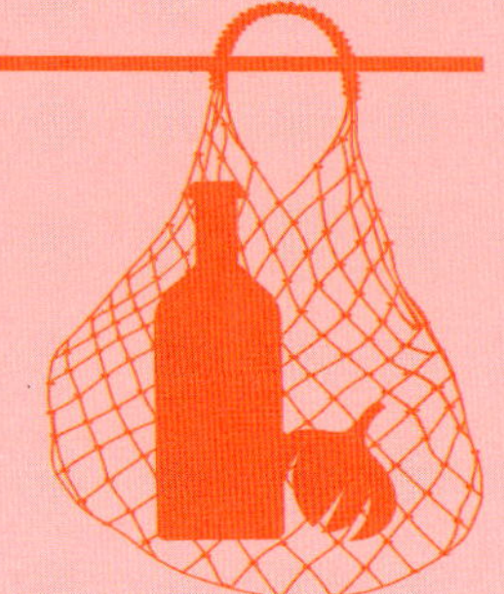

**Wer alle Zutaten für die 60 Gerichte auf einmal einkaufen möchte, sollte diese Einkaufsliste mitnehmen**

- Aceto balsamico: 6 EL
- Ahornsirup: 100 ml
- Ananas (Dose): 1 Dose
- Äpfel (säuerliche): 12
- Apfelchips: 1 Handvoll
- Apfelessig: 200 ml
- Apfelmus
- Apfelsaft: 1,5 l
- Aprikosen, getrocknet: 150 g
- Backpulver: 1,5 TL
- Basmatireis: 400 g
- Bergkäse: 400 g
- Berglinsen: 300 g
- Bio-Orangen: 10
- Bio-Zitronen: 4
- Birnen: 4
- Bockshornkleesamen: ½ TL
- Bottarga: 40 g
- brauner Zucker: 100 g
- Butter: 1750 g (7 Pck.)
- Cabanossi: 150 g
- Cannelinibohnen, getrocknet: 225 g
- Cashewkerne: 100 g
- Cayennepfeffer: 1 TL
- Chili: 3 TL
- Chiliflocken: 1 TL
- Chilischoten: 2
- Crème fraîche: 850 g
- Currypulver: 4 EL
- Datteln (ohne Stein): 380 g
- Dijon-Senf: 2 TL
- Eier: 60
- Emmentaler: 150 g
- Fenchelsamen: 100 g
- Fregola Sarda: 200 g
- Frischkäse: 400 g
- Garam Masala: 2 EL
- Gemüsebrühe (Instant): 660 g
- getrocknete Tomaten (in Öl): 2 Handvoll
- Gewürzgurke: 1
- Gewürznelken: 2
- Gin: 200 ml
- Gorgonzola: 550 g
- Granatapfel: 1
- Guanciale: 400 g
- H-Milch: 6 l
- H-Sahne: 2 kg
- H-Saure-Sahne: 225 g
- Harissa: 1 TL
- Hartweizengrieß: 660 g
- Hokkaidokürbis: 2 kg
- Honig: 7 EL
- Ingwer: 130 g
- Joghurt: 2 EL
- Käferbohnen, getrocknet: 250 g
- Kapern (Glas): 60 g
- Kardamomkapseln: 8
- Kartoffeln (festkochende): 1,9 kg
- Kartoffeln (mehligkochende): 1,4 kg
- Kichererbsen (Glas/Dose): 1,15 kg
- Kidneybohnen (Dose): 650 g
- Klebreis: 200 g
- Knoblauch: 57 Zehen

- Knollensellerie: 500 g
- Kokosmilch (Dose): 5 Dosen (400 g)
- Kokosraspeln: 5 EL
- Koriandersamen: 8 TL
- Kräuteressig
- Kreuzkümmel, gemahlen: 7 TL
- Kürbiskerne: 7 EL
- Kürbiskernöl: 7 EL
- Kurkuma, gemahlen: 1½TL
- Lasagneblätter: 250 g
- Lorbeerblätter: 15
- Magerquark: 500 g
- Mais (Dose): 800 g
- Mandeln, gemahlen: 70 g
- Mandeln: 80 g
- Marillen (Glas): 3 Gläser (1,2 kg)
- Maronen (vakuumverpackt): 600 g
- Matjesfilets: 400 g
- Mayonnaise: 120 g
- Mehl: 5 kg
- Milchreis: 250 g
- Muskatnuss
- neutrales Öl
- Oliven (ohne Stein): 100 g
- Olivenöl: 1,5 l
- Orangensaft: 250 ml
- Oregano, getrocknet: 5 TL
- Paprika, gegrillt (in Öl, Glas): 250 g
- Paprikapulver: 3 TL
- Parmesan: 1400 g
- passierte Tomaten: 1,35 kg
- Pasta: 6,5 kg
- Pecorino: 450 g
- Pfeffer
- Pimentkörner: 4
- Pinienkerne: 100 g
- Pistazien, geschält: 280 g
- Polenta (Instant): 200 g
- Portwein: 50 ml
- Puderzucker
- Ricotta: 2,6 kg
- Risottoreis: 950 g
- Rosinen: 160 g
- Rosmarin: 3 Zweige
- Rosmarin, getrocknet: 2 TL
- Rote Bete (vakuumverpackt): 3 kg
- Rote Linsen: 400 g
- Rotkohl: 600 g
- Rotkraut (Glas): 4 EL
- Rum: 100 ml
- Salbeiblätter: ca. 40
- Sardellenfilets (in Öl): 22
- Sauerkraut: 350 g
- Schafskäse (Feta): 450 g
- Schalotten: 5
- scharfer Senf: 2 TL
- Schmand: 100 g
- schwarze Senfsamen: ½ TL
- Semmelbrösel: 300 g
- Sesam: 3 EL
- Sesamöl
- Sojasauce: 4 EL
- Speck: 750 g
- Speisestärke: 40 g
- Steinpilze, getrocknet: 90 g
- stückige Tomaten (Dose): 4,3 kg
- süßer Senf: 2 EL
- Tahin (Sesampaste): 4 EL
- Taralli: nach Geschmack
- Thunfisch im eigenen Saft (Dose): 450 g
- Thunfisch in Olivenöl (Dose): 350 g
- Thymian, getrocknet: 1½ TL
- TK -Petersilie: 550 g
- TK-Asiagemüse-Mischung (ungewürzt): 600 g
- TK-Basilikum: 2 EL
- TK-Bio-Garnelen: 250 g
- TK-Blattspinat: 1,4 kg
- TK-Dill: 1 EL
- TK-Koriandergrün
- TK-Lachsfilet: 800 g
- TK-Mango: 900 g
- TK-Schnittlauch: 6 EL
- Tomatenmark: 6 EL
- Trockenhefe: 5 Pck.
- Vanilleextrakt: 6 TL
- Vanillesauce: 1 Pck.
- Vanillezucker: 2 Pck.
- Walnusskerne: 460 g
- Walnussöl: 2 EL
- Weichweizengrieß: 90 g
- weiße Bohnen (Dose): 400 g
- weißer Pfeffer: ½ TL
- Weißwein: 550 ml
- Weißweinessig: 3 EL
- zarte Haferflocken: 100 g
- Zimtpulver: 40 g
- Zimtstange: 1
- Zitronen: 4
- Zitronensaft: 14 EL
- Zucker: 400 g
- Zwetschgenmus
- Zwiebeln, rot: 3
- Zwiebeln: 9 kg

# WAS NUDELIGES

# PASTA
## MIT SARDELLEN, ROSINEN UND PINIENKERNEN

Rezept Nummer 1

Für 4 Personen
Zubereitung 30 Min.
Zutaten 3 Monate haltbar
Pro Portion ca. 615 kcal

**Eines der einfachsten sizilianischen Gerichte, das sich im Handumdrehen auch in deutschen Küchen zubereiten lässt. Fruchtig süß, nussig, würzig, fischig - einfach ausgewogen aromatisch. Wir kochen es sogar oft im Italienurlaub und sammeln den Wildfenchel auf dem Weg zum Meer selbst.**

**AUS DEM VORRAT:**

100 g Rosinen
200 ml Weißwein
100 g Pinienkerne
500 g Lieblingspasta
Salz | Pfeffer
6 Knoblauchzehen
4 EL Olivenöl + mehr zum Abschmecken
12 Sardellenfilets (in Öl)
2 TL (Wild-)Fenchelsamen
frisch geriebener Parmesan

**Step 1:** Die Rosinen im Weißwein einweichen und bis zur weiteren Verwendung beiseitestellen.
**Step 2:** Die Pinienkerne in einer kleinen Pfanne ohne Fett goldbraun rösten, dann beiseitestellen. Die Pasta nach Packungsanweisung in reichlich Salzwasser al dente kochen.
**Step 3:** Den Knoblauch schälen und in möglichst dünne Scheiben schneiden. Das Olivenöl in einer Pfanne leicht erhitzen. Den Knoblauch dazugeben und bei sehr kleiner Hitze langsam braten.
**Step 4:** Die Sardellenfilets fein hacken und zum Knoblauch in die Pfanne geben. Wenn sie geschmolzen sind, die abgetropften Rosinen und die Fenchelsamen hinzufügen.
**Step 5:** Sobald der Knoblauch goldbraun wird, die Sauce mit etwas Nudelkochwasser ablöschen.
**Step 6:** Die Pasta abgießen, abtropfen lassen und zur Sauce geben, gut vermengen. Bei Bedarf mehr Kochwasser oder etwas Olivenöl hinzufügen.
**Step 7:** Die Pasta auf Tellern anrichten und den Parmesan grob darüberreiben.

# PASTA
## MIT SPINAT-GORGONZOLA-SAUCE

Rezept Nummer 2

Für 4 Personen
Zubereitung 35 Min.
Vorbereiten 15 Min.
Kochen 20 Min.
Zutaten 1 Monat haltbar
Pro Portion ca. 615 kcal

**Ein kurzer Sprung ins 11. Jahrhundert: Vermutlich wurde ein Melker mal wieder nachts von einer verführerischen Magd von der Arbeit abgehalten, sodass die Milch vom abendlichen Melken am nächsten Morgen geronnen war. Diese Milch soll der müde Melker mit der frischen Milch des Morgens vermischt und daraus den ersten Gorgonzola gekäst haben. Sollte diese Geschichte stimmen, spräche einiges dafür, zukünftig mehr Menschen am Innovationsstandort Deutschland durch Ablenkung zu inspirieren.**

### AUS DEM VORRAT:

400 g TK-Blattspinat
500 g Pasta (z. B. Penne oder Fusilli)
Salz | Pfeffer
1 Knoblauchzehe
1 kleine Zwiebel
2 EL Olivenöl
150 g Gorgonzola
250 g H-Sahne
frisch geriebene Muskatnuss
50 g Walnusskerne

**Step 1:** Den Spinat in einem Sieb auftauen lassen und gründlich ausdrücken.
**Step 2:** Die Nudeln nach Packungsanweisung in reichlich Salzwasser al dente kochen.
**Step 3:** Knoblauch und die Zwiebel schälen und fein würfeln. In einer Pfanne das Olivenöl erhitzen und Knoblauch sowie Zwiebeln bei mittlerer Hitze glasig anschwitzen. Den aufgetauten Spinat hinzufügen und unter Rühren einmal aufkochen lassen. Falls nötig, etwas Wasser hinzufügen.
**Step 4:** Den Gorgonzola klein schneiden. Die Sahne unter die Spinatmischung rühren, dann die Hitze reduzieren und die Gorgonzolastücke nach und nach zufügen. Dabei ständig rühren, bis der Käse geschmolzen ist. Die Sauce mit Salz, Pfeffer und Muskatnuss abschmecken und vom Herd ziehen.
**Step 5:** Die Walnüsse grob hacken.
**Step 6:** Die Nudeln abgießen und zur Sauce in die Pfanne geben, gut vermischen. Bei Bedarf etwas vom Kochwasser hinzufügen, um die Sauce besser zu binden.

**Step 7:** Die Pasta auf Tellern anrichten und mit den gehackten Walnüssen bestreuen. Nach Belieben mit etwas frischem gemahlenem Pfeffer bestreuen und servieren.

# PASTA ALLA PUTTANESCA

Rezept Nummer 3

Für 4 Personen
Zubereitung 20 Min.
Vorbereiten 5 Min.
Kochen 15 Min.
Zutaten 1 Jahr haltbar
Pro Portion ca. 350 kcal

**Wir verzichten hier auf eine Übersetzung des Namens »puttanesca« und akzeptieren, dass es eine wunderbare Pasta-Variante ist, die immer schmeckt. Sie passt nach einem langen Arbeitstag, einer durchzechten Nacht oder auch bei plötzlichem Besuch, weil sich so gut wie alle Zutaten in einem normalen Vorratsschrank befinden.**

**AUS DEM VORRAT:**

1 EL Kapern (in Salz)

100 g Gaeta-Oliven (ohne Stein, alternativ grüne Oliven)

4 Knoblauchzehen

1 kleine Chilischote (z. B. Birdeye)

6 Sardellenfilets (in Öl)

4 EL Olivenöl

800 g stückige Tomaten (Dose)

500 g Spaghetti

Salz | Pfeffer

3 EL TK-Petersilie

**Step 1:** Zunächst die Kapern unter fließendem Wasser abspülen, dann trocknen und grob hacken. Die Oliven in Scheiben schneiden. Den Knoblauch schälen, die Chili entkernen und fein schneiden. Die Sardellen fein hacken.
**Step 2:** Das Öl, die ganzen Knoblauchzehen, Chili und die Sardellen in eine große Pfanne geben. Die Kapern hinzufügen und alles ca. 5 Min. bei mittlerer Hitze unter häufigem Rühren braten, bis die Sardellen schmelzen.
**Step 3:** Nun die Tomaten dazugeben, mit einem Löffel umrühren und alles weitere 10 Min. bei kleiner Hitze köcheln lassen. In der Zwischenzeit die Spaghetti nach Packungsanweisung in reichlich Salzwasser al dente kochen.
**Step 4:** Wenn die Sauce fertig ist, die Knoblauchzehen entfernen. Die Oliven und Petersilie hinzufügen und die Sauce mit Salz und Pfeffer abschmecken.
**Step 5:** Wenn die Nudeln al dente sind, direkt unabgetropft in die Pfanne geben und ca. 30 Sek. rühren, damit sich alle Aromen vermischen. Dann kochend heiß servieren.

# PASTA
## MIT THUNFISCH-TOMATEN-SAUCE

Rezept Nummer 4

**Für 4 Personen**
**Zubereitung 30 Min.**
**Zutaten 1 Jahr haltbar**
**Pro Portion ca. 505 kcal**

**Ein zeitloses Gericht für alle: Kürzlich habe ich es in ähnlicher Form in einem alten italienischen Kochbuch aus den 1960er-Jahren entdeckt. Auch damals wurde schon Thunfisch aus der Dose verwendet.**

### AUS DEM VORRAT:

500 g Pasta (Spaghetti oder Penne)
Salz | Pfeffer
1 Zwiebel
2 Knoblauchzehen
4 EL Olivenöl
400 g stückige Tomaten (Dose)
350 g Thunfisch (in Öl)
40 g Kapern (in Salz)
3 EL TK-Petersilie
1 EL Butter

**Step 1:** Die Nudeln nach Packungsanweisung in reichlich Salzwasser al dente kochen.
**Step 2:** Die Zwiebel und den Knoblauch schälen und fein hacken, dann in einem kleinen Topf im Olivenöl glasig andünsten. Die Tomaten hinzufügen, sorgfältig umrühren und bei mittlerer Hitze ca. 25 Min. sanft einköcheln lassen.
**Step 3:** Den Thunfisch abtropfen lassen, grob zerkleinern und mit den Tomaten vermischen. Die Kapern, Petersilie und Butter hinzufügen, alles gründlich verrühren und mit Salz und Pfeffer abschmecken.
**Step 4:** Die abgetropfte Pasta zur Sauce geben, alles gründlich vermischen und sofort servieren.

**TOP TIPP:**

**Beim Kauf von Thunfisch empfehle ich, auf Bio- oder MSC-Siegel achten, um nachhaltige und umweltfreundliche Produkte zu unterstützen.**

# PASTA ALL'AMATRICIANA

Rezept Nummer 5

Für 4 Personen
Zubereitung 30 Min.
Zutaten 3 Monate haltbar
Pro Portion ca. 545 kcal

**Diese Sauce stammt aus dem italienischen Ort Amatrice in der Region Latium. Dort nahmen Hirten haltbare Zutaten mit in die Berge. Kluge Leute! Heute ist dieses Gericht ein Klassiker der italienischen Küche, manche schärfen noch mit Chili nach. Ich empfehle stattdessen lieber auf die Qualität des Specks aus der Schweinebacke zu achten.**

**AUS DEM VORRAT:**

200 g Guanciale (luftgetrockneter Speck, ersatzweise Pancetta)

3 EL Olivenöl

1 große Zwiebel

Meersalz

800 g stückige Tomaten (Dose)

500 g kurze, geriffelte Röhrennudeln (z. B. Bombolotti)

100 g frisch geriebener Pecorino

**Step 1:** Den Speck in 1 cm große Würfel schneiden. In einer großen Pfanne 1 TL Olivenöl sanft erhitzen. Die Speckwürfel hinzufügen und unter gelegentlichem Rühren bei kleiner Hitze in ca. 10 Min. knusprig und goldbraun braten.
**Step 2:** Inzwischen die Zwiebel schälen und in kleine Würfel schneiden. Anschließend den Speck aus der Pfanne nehmen und auf einem kleinen Teller beiseitestellen.
**Step 3:** 2 EL Olivenöl zum Speckfett geben und die Zwiebelwürfel mit einer Prise Salz hinzufügen. Die Zwiebeln unter gelegentlichem Rühren bei mittlerer Hitze in ca. 10 Min. weich dünsten.
**Step 4:** Die Tomaten hinzufügen und bei mittlerer Hitze ca. 15 Min. einkochen lassen, bis die Sauce leicht eindickt.
**Step 5:** Die Nudeln nach Packungsanweisung in reichlich Salzwasser fast al dente kochen. Beim Abgießen das Kochwasser auffangen.
**Step 6:** Die Nudeln und den Speck zur Tomatensauce geben und gut vermengen. So viel Kochwasser hinzufügen, dass die Nudeln fast bedeckt sind. Unter ständigem Rühren weiter köcheln lassen, bis die Nudeln al dente sind. Bei Bedarf mehr Kochwasser hinzufügen.

**Step 7:** Den Topf vom Herd nehmen und die Hälfte des geriebenen Pecorino einrühren. Mit Salz abschmecken. Dann die Pasta auf Teller verteilen, mit Pecorino bestreuen und sofort servieren.

# SPAGHETTI
## ALLA CARBONARA

Rezept Nummer 6

Für 4 Personen
Zubereitung 30 Min.
Zutaten 1 Monat haltbar
Pro Portion ca. 335 kcal

**Hier muss eindeutig klargestellt werden: Carbonara hat nichts mit Schinkennudeln zu tun! Anders als bei all'amatriciana vereinen sich Nudeln und Guanciale aber nicht mit Tomaten, sondern mit Eiern. Vielleicht kam die deutsche Band Spliff deswegen in den 1980er-Jahren auf die Idee, dieses Gericht zu besingen. Allerdings würde ich es nicht mit einer Coca Cola servieren.**

### AUS DEM VORRAT:

500 g Spaghetti
Salz | Pfeffer
200 g Guanciale (luftgetrockneter Speck, ersatzweise Pancetta)
100 g Pecorino + mehr zum Servieren
8 Eigelb (M)

**Step 1:** Die Nudeln nach Packungsanweisung in reichlich Salzwasser al dente kochen.
**Step 2:** Inzwischen den Speck entschwarten und erst in Scheiben, dann in etwa 1 cm dicke Streifen schneiden. Den Speck in einer beschichteten Pfanne bei mittlerer Hitze in ca. 10 Min. knusprig braten. Anschließend herausnehmen und auf Küchenpapier abtropfen lassen.
**Step 3:** Den Pecorino fein reiben. Die Eigelbe in eine große Schüssel geben, den Pecorino und reichlich frisch gemahlenen schwarzen Pfeffer hinzufügen. Mit einer Gabel verrühren, bis eine cremige Mischung entsteht.
**Step 4:** Sobald die Spaghetti fertig sind, einen Schöpflöffel Nudelwasser abnehmen und beiseitestellen. Die Spaghetti abgießen und abtropfen lassen.
**Step 5:** Die Pfanne mit dem Speck vom Herd nehmen und die abgetropften Spaghetti direkt in die Pfanne geben. Gut umrühren, um die Nudeln mit dem ausgelassenen Fett zu bedecken. Dann die Eigelb-Pecorino-Mischung über die heißen Nudeln gießen und sofort kräftig umrühren, um eine cremige Sauce zu bilden. Bei Bedarf etwas von dem Nudelwasser hinzufügen.

**Step 6:** Die knusprig gebratene Guanciale über die Carbonara geben und nochmals leicht unterrühren. Sofort servieren, dabei nach Belieben mit mehr geriebenem Pecorino und frisch gemahlenem Pfeffer bestreuen.

## WELTBESTE
# TOMATENSAUCE

Rezept Nummer 7

Für 4 Personen
Zubereitung 50 Min.
Zutaten 6 Monate haltbar
Pro Portion ca. 315 kcal

**Jahrelang war ich dem Geheimnis auf der Spur, warum die Pasta al pomodoro beim Italiener immer so viel besser schmeckt als zu Hause. Auch wenn man es nicht glauben mag, alleine für Tomatensauce gibt es ja mindestens so viele unterschiedliche Rezepte wie Kochbücher. Die beste und einfachste Sauce von allen verzichtet auf italienische Kräuter, kocht eine Zwiebel aus und gönnt sich natürlich etwas Butter. Fertig.**

### AUS DEM VORRAT:

1 mittelgroße Zwiebel

400 g stückige Tomaten (Dose)

60 g Butter

Salz

500 g Pasta (z. B. Penne, Spaghetti, Rigatoni)

frisch geriebener Parmesan

**Step 1:** Die Zwiebel schälen und halbieren. Die Tomaten mit der Butter und der Zwiebel in einen Topf geben, leicht salzen und das Ganze offen ca. 45 Min. bei kleiner Hitze sehr leise, aber stetig köcheln lassen, bis sich das Fett von den Tomaten absetzt. Dabei gelegentlich umrühren.
**Step 2:** Während die Sauce köchelt, die Nudeln nach Packungsanweisung in reichlich Salzwasser al dente kochen.
**Step 3:** Sobald die Tomatensauce fertig und die Pasta al dente ist, die Zwiebel entfernen, die Pasta abgießen und direkt zur Tomatensauce geben. Gut vermengen und sofort mit frisch geriebenem Parmesan servieren.

**TOP TIPP:**

**Es lohnt sich, auch bei unverarbeiteten passierten Tomaten verschiedene Marken auszuprobieren, da sie geschmacklich variieren können.**

# SPAGHETTINI
## MIT PISTAZIENPESTO UND BOTTARGA

Rezept Nummer 8

Für 4 Personen
Zubereitung 20 Min.
Zutaten 1 Jahr haltbar
Pro Portion ca. 685 kcal

**Dieses Rezept vereint authentische Zutaten aus Sizilien in einer sehr reduzierten Form: Bottarga ist ein gesalzener und luftgetrockneter Meeräschen- oder Thunfischrogen, der den Inselbewohnern schon seit Jahrhunderten haltbares Fischaroma bietet und heute eine Delikatesse ist. Bei diesem Pesto ohne Knoblauch kommt er voll zur Geltung.**

### AUS DEM VORRAT:

500 g Spaghettini
Salz | Pfeffer
200 g Pistazien (ohne Schale)
80 ml Olivenöl
40 g Bottarga (getrockneter Rogen)

**Step 1:** Die Spaghettini nach Packungsanweisung in reichlich Salzwasser al dente kochen.
**Step 2:** Die Pistazien in eine Pfanne geben und ca. 2 Min. anrösten, bis sie duften. Dann in einen Mixer geben und möglichst klein hacken. Während des Mixens langsam das Olivenöl dazulaufen lassen, dann alles mit Salz und Pfeffer würzig abschmecken.
**Step 3:** Die Spaghettini abgießen und abtropfen lassen, dann in der Pfanne mit der Pistaziensauce vermengen, sodass die Nudeln gleichmäßig bedeckt sind.
**Step 4:** Die Nudeln auf Teller verteilen und zum Servieren die Bottarga über die Nudeln reiben.

**TOP TIPP:**

Bottarga gehört leider nicht zum Grundsortiment eines Supermarktes. Deshalb am besten aus dem Italienurlaub mitbringen oder im Feinkostladen suchen.

# SPAGHETTI
## MIT RICOTTA, MANDELN UND PISTAZIEN

Rezept Nummer 9

**Für 4 Personen**
**Zubereitung 40 Min.**
**Zutaten 1 Jahr haltbar**
**Pro Portion ca. 600 kcal**

**Schon wieder so ein Gericht, welches man niemals beim Italiener um die Ecke bekommen würde, sondern für welches man mindestens 2000 km fahren müsste. Dabei ist es so leicht zuzubereiten.**

### AUS DEM VORRAT:

1 große Zwiebel
2 EL Olivenöl + etwas mehr zum Servieren
80 g Pistazien (ohne Schale)
80 g Mandeln
250 g Ricotta
1–2 EL H-Milch
500 g Spaghetti
Salz | Pfeffer
frisch geriebener Pecorino
2 EL TK-Petersilie

**Step 1:** Die Zwiebel schälen und möglichst fein würfeln. In einem Topf bei kleiner Hitze in 2 EL Olivenöl garen, bis die Würfel weich und cremig sind.
**Step 2:** In der Zwischenzeit die Pistazien und Mandeln im Mörser zu feinem Pulver zermahlen. Den Ricotta mit einer Gabel leicht auflockern und mit den gemahlenen Nüssen, Milch, Salz und Pfeffer zu einer cremigen Paste verrühren.
**Step 3:** Die Spaghetti nach Packungsanweisung in reichlich Salzwasser al dente kochen. Beim Abgießen etwas Kochwasser auffangen und beiseitestellen.
**Step 4:** Die Nudeln zur geschmolzenen Zwiebel in den Topf geben und mit etwas Kochwasser vermengen. Die Ricottamischung unter die Nudeln heben und alles kurz erhitzen.
**Step 5:** Nach Belieben mit etwas mehr Olivenöl, Pecorino und Petersilie servieren.

**TOP TIPP:**

**Noch feiner wird es mit geschälten Mandeln: In einer Schüssel mit kochendem Wasser übergießen, 1–2 Min. Minuten einweichen. Abgießen und die Haut abziehen.**

# KÜRBISLASAGNE
## MIT WALNÜSSEN

Rezept Nummer 10

Für 4 Personen
Zubereitung 40 Min.
Backzeit 35 Min.
Zutaten 3 Monate haltbar
Pro Portion ca. 810 kcal

**Einer Lasagne kann man ja nur schwer widerstehen. Vor allem aber kann man das Hackfleisch problemlos durch Kürbis und Walnüsse ersetzen. Viel wichtiger ist nämlich die Béchamelsauce, die eine Lasagne erst zur richtigen Lasagne macht. So lässt es sich auch mal vegetarisch genießen.**

**AUS DEM VORRAT:**

750 g Hokkaidokürbis
1 Zwiebel
1 Knoblauchzehe
10 Walnusskerne
4 EL Olivenöl
1 TL Gemüsebrühe (Instant)
400 g passierte Tomaten
Salz | Pfeffer
1 TL Zimtpulver
50 g Butter | 50 g Mehl
400 ml H-Milch
frisch geriebene Muskatnuss
100 g Parmesan
250 g Lasagneblätter

**AUSSERDEM:**

Große Auflaufform + Butter für die Form

**Step 1:** Den Kürbis waschen, halbieren, entkernen und in 0,5 cm große Würfel schneiden. Zwiebel und Knoblauch schälen und fein würfeln. Die Walnüsse grob hacken.
**Step 2:** Olivenöl in einer Pfanne erhitzen und die Walnusskerne leicht anrösten. Dann den Kürbis, Knoblauch und Zwiebeln hinzufügen und 5–7 Min. unter Rühren anbraten.
**Step 3:** Die Gemüsebrühe mit 300 ml kochendem Wasser aufgießen. Das Kürbisgemüse mit der Hälfte der Brühe ablöschen, die passierten Tomaten hinzufügen und alles unter Rühren aufkochen lassen. Dann bei mittlerer Hitze ca. 10 Min. zugedeckt garen, anschließend mit Salz, Pfeffer und Zimt würzig abschmecken.
**Step 4:** In einem Topf die Butter für die Béchamelsauce schmelzen lassen, das Mehl dazugeben und unter Rühren mit einem Schneebesen kurz anschwitzen. Dann nach und nach die Milch und die restlichen 150 ml Brühe unter ständigem Rühren zugießen. Die Béchamelsauce mit Salz, Pfeffer und Muskatnuss würzen und bei kleiner Hitze unter gelegentlichem Rühren ca. 15 Min. offen köcheln lassen, bis sie cremig ist. Anschließend vom Herd nehmen.
**Step 5:** Den Ofen auf 200° vorheizen. Die Auflaufform mit Butter einfetten. Den Käse reiben.

**Step 6:** Den Boden der Form dünn mit Béchamelsauce bedecken, eine Lage Lasagneblätter darauflegen. Darüber eine Schicht Kürbissugo geben, darauf eine Schicht Béchamel und etwas geriebenen Käse. Diesen Vorgang wiederholen, mit Béchamelsauce und Käse abschließen. Die Lasagne im heißen Ofen (Mitte) 30–35 Min. backen, bis sie goldbraun ist. Herausnehmen und vor dem Servieren kurz ziehen lassen.

# PASTA
## MIT STEINPILZEN, MARONEN UND SPECK

Rezept Nummer 11

Für 4 Personen
Zubereitung 35 Min.
Einweichzeit 30 Min.
Zutaten 3 Monate haltbar
Pro Portion ca. 449 kcal

### AUS DEM VORRAT:

40 g getrocknete Steinpilze

1 Zwiebel

1 Knoblauchzehe

200 g vorgegarte Maronen (vakuumverpackt)

100 g Speckwürfel

1 EL Olivenöl

Salz | Pfeffer

50 ml Weißwein

100 g H-Sahne

2 EL TK-Petersilie

500 g Pasta

frisch geriebener Parmesan

**Steinpilze, Maroni, Speck - mehr Herbst geht eigentlich nicht, oder? Da die Zutaten aber alle haltbar sind, kann das Gericht auch jederzeit problemlos im Frühjahr, Sommer und Winter zubereitet werden.**

**Step 1:** Die getrockneten Steinpilze mit kochendem Wasser übergießen und mind. 30 Min. einweichen lassen.
**Step 2:** Zwiebel und Knoblauch schälen und fein hacken. Die eingeweichten Steinpilze durch ein feines Sieb abgießen, die Flüssigkeit auffangen. Die Steinpilze abspülen, ausdrücken und fein hacken. Die Maronen ebenfalls grob zerkleinern.
**Step 3:** Den gewürfelten Speck in einer Pfanne bei mittlerer Hitze auslassen. Zwiebeln und Knoblauch hinzufügen und goldbraun anbraten. Olivenöl und etwas Pfeffer dazugeben, alles gut miteinander mischen.
**Step 4:** Die gehackten Maronen und eingeweichten Steinpilze zufügen und kurz mitbraten. Dann mit Wein ablöschen, etwas vom aufbewahrten Steinpilzsud und die Sahne dazugeben und alles bei mittlerer Hitze und mit geschlossenem Deckel ca. 20 Min.schmoren lassen. Zum Schluss die TK-Petersilie dazugeben und mit Salz und Pfeffer abschmecken.
**Step 5:** Die Nudeln in reichlich Salzwasser nach Packungsanweisung al dente kochen. Dann abgießen, dabei etwas Nudelwasser auffangen. Die Nudeln direkt in der Pfanne mit der Sauce vermengen. Bei Bedarf etwas Nudelwasser hinzufügen, sodass die Sauce cremig wird.
**Step 6:** Die Pasta auf Tellern servieren und mit geriebenem Parmesan garnieren.

# FETTUCCINE
## MIT GARNELEN

Rezept Nummer 12

**Für 4 Personen**
**Zubereitung 35 Min.**
**Zutaten 1 Monat haltbar**
**Pro Portion ca. 445 kcal**

**Wenn ich Garnelen esse, dann möchte ich ein gutes Gewissen haben. Deswegen esse ich sie nur zu Hause, wo ich selbst auf Bio-Qualität achten kann - und sie vor allem nach diesem Rezept zubereiten kann. Es ist so einfach und hat doch etwas von Understatement, wenn man die vielen Shrimps einfach püriert in der Sauce verschwinden lässt.**

AUS DEM VORRAT:

250 g TK-Bio-Garnelen (küchenfertig)

2 Knoblauchzehen

6 EL Olivenöl

2 EL Tomatenmark

100 ml trockener Weißwein

500 g flache Pasta (z. B. Fettuccine)

Salz | Pfeffer

100 g Crème fraîche (30 % Fett)

2 EL TK-Petersilie

**Step 1:** Die Garnelen auftauen und unter fließendem warmem Wasser abspülen. Die Knoblauchzehen schälen und fein hacken.

**Step 2:** Das Olivenöl in einem Topf bei mittlerer Hitze erhitzen. Den gehackten Knoblauch hinzufügen und unter ständigem Rühren leicht goldbraun anschwitzen.

**Step 3:** Das Tomatenmark und den Weißwein in einer kleinen Schüssel verrühren, dann in den Topf geben. Alles einmal aufkochen lassen, dann bei kleiner Hitze ca. 10 Min. köcheln lassen.

**Step 4:** Die Pasta in reichlich Salzwasser nach Packungsanweisung al dente kochen, dann abgießen, dabei etwas Nudelwasser auffangen.

**Step 5:** Die Garnelen, Salz und Pfeffer zum Tomaten-Weißwein-Sud geben und die Hitze erhöhen. Ca. 2 Min. garen, dabei die Garnelen häufig wenden, damit sie gut mit der Sauce überzogen sind. Den Topf vom Herd nehmen. Zwei Drittel der Garnelen mit einer Schaumkelle aus dem Topf nehmen und im Mixer pürieren. Das Garnelenpüree zurück in den Topf geben und die Hitze reduzieren. Die Crème fraîche und die Petersilie hinzufügen und ca. 1 Min. unter ständigem

Rühren einkochen lassen, dabei etwas Nudelwasser hinzugeben, sodass die Sauce schön cremig wird. Anschließend mit Salz und Pfeffer abschmecken.
**Step 6:** Die Nudeln in die Sauce geben und gut untermischen, dann sofort servieren.

# PASTA
## MIT WALNÜSSEN, SARDELLEN UND SEMMELBRÖSELN

Rezept Nummer 13

**Für 4 Personen**
**Zubereitung 30 Min.**
**Zutaten 1 Jahr haltbar**
**Pro Portion ca. 440 kcal**

**Die Sarden haben ein delikates Nudelgericht zu bieten, das ursprünglich auf die Fastenzeit zurückzuführen ist. Damals durfte nicht gebraten oder würzig gegessen werden, da es für einen Fastentag als zu luxuriös galt. Später hat sich die Kirche wohl etwas moderner gegeben und auch Sardellen erlaubt. Was ein Glück!**

### AUS DEM VORRAT:

500 g Spaghetti
Salz | Pfeffer
70 g Semmelbrösel
2 Knoblauchzehen
150 g Walnusskerne
2 EL Olivenöl
4 Sardellenfilets (in Öl)
2 EL TK-Petersilie
frisch geriebener Pecorino

**Step 1:** Die Spaghetti nach Packungsanweisung in reichlich Salzwasser al dente kochen. Anschließend abgießen, dabei etwas Kochwasser zurückbehalten.
**Step 2:** In einer Pfanne die Semmelbrösel ohne Fett goldbraun rösten, bis sie duften. Zur Seite stellen.
**Step 3:** Den Knoblauch schälen und hacken. Die Walnüsse hacken. Etwas Olivenöl erhitzen und den gehackten Knoblauch darin anbraten, bis er duftet. Die Sardellenfilets hinzufügen und leicht anbraten, bis sie schmelzen.
**Step 4:** Die gehackten Walnüsse und die Petersilie dazugeben. Sanft mitbraten, bis sie leicht gebräunt sind.
**Step 5:** Die gekochten Spaghetti und etwas Kochwasser in die Pfanne geben. Alles gut vermischen.
**Step 6:** Den Pecorino reiben und unter Rühren einarbeiten, bis sich eine geschmeidige Sauce um die Nudeln bildet. Alles mit Salz und Pfeffer abschmecken.
**Step 7:** Zum Servieren die gerösteten Semmelbrösel über die Pasta streuen.

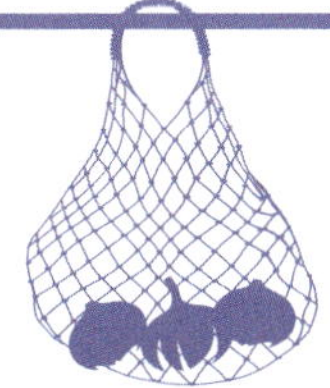

# ZITRONEN-RICOTTA-PASTA

Rezept Nummer 14

**Für 4 Personen**
**Zubereitung 25 Min.**
**Zutaten 1 Monat haltbar**
**Pro Portion ca. 395 kcal**

**Diese Nudeln schmecken garantiert nicht sauer, sondern nach Sommer. Außerdem sind sie der beste Beweis, warum man immer Bio-Zitronen und Ricotta zu Hause haben sollte. Da lassen sich sogar noch Italiener überraschen und begeistern - unbedingt ausprobieren!**

AUS DEM VORRAT:

2 Bio-Zitronen

250 g Ricotta

100 g Parmesan + mehr zum Servieren

Salz | Pfeffer

500 g Pasta (z. B. Spaghetti, Penne)

**Step 1:** Die Zitronen heiß waschen und abtrocknen, die Schale fein abreiben und den Saft auspressen. Den Ricotta in eine große Schüssel geben und mit einer Gabel zerdrücken. Den Parmesan reiben und mit Zitronensaft und -abrieb sowie etwas Salz und Pfeffer untermischen.
**Step 2:** Die Pasta nach Packungsanweisung in reichlich Salzwasser al dente kochen. Abgießen, dabei etwa eine Tasse Nudelwasser aufbewahren.
**Step 3:** Die abgegossenen Nudeln zurück in den Topf geben. Die Ricottamischung hinzufügen und nach und nach die Hälfte des aufbewahrten Nudelwassers unterrühren. Rühren, bis eine samtige Sauce entsteht, bei Bedarf weiteres Nudelwasser hinzufügen.
**Step 4:** Die Pasta sofort auf Teller verteilen und mit etwas Pfeffer übermahlen. Nach Belieben mit frisch gehobeltem Parmesan bestreuen und genießen.

# WAS SALATIGES

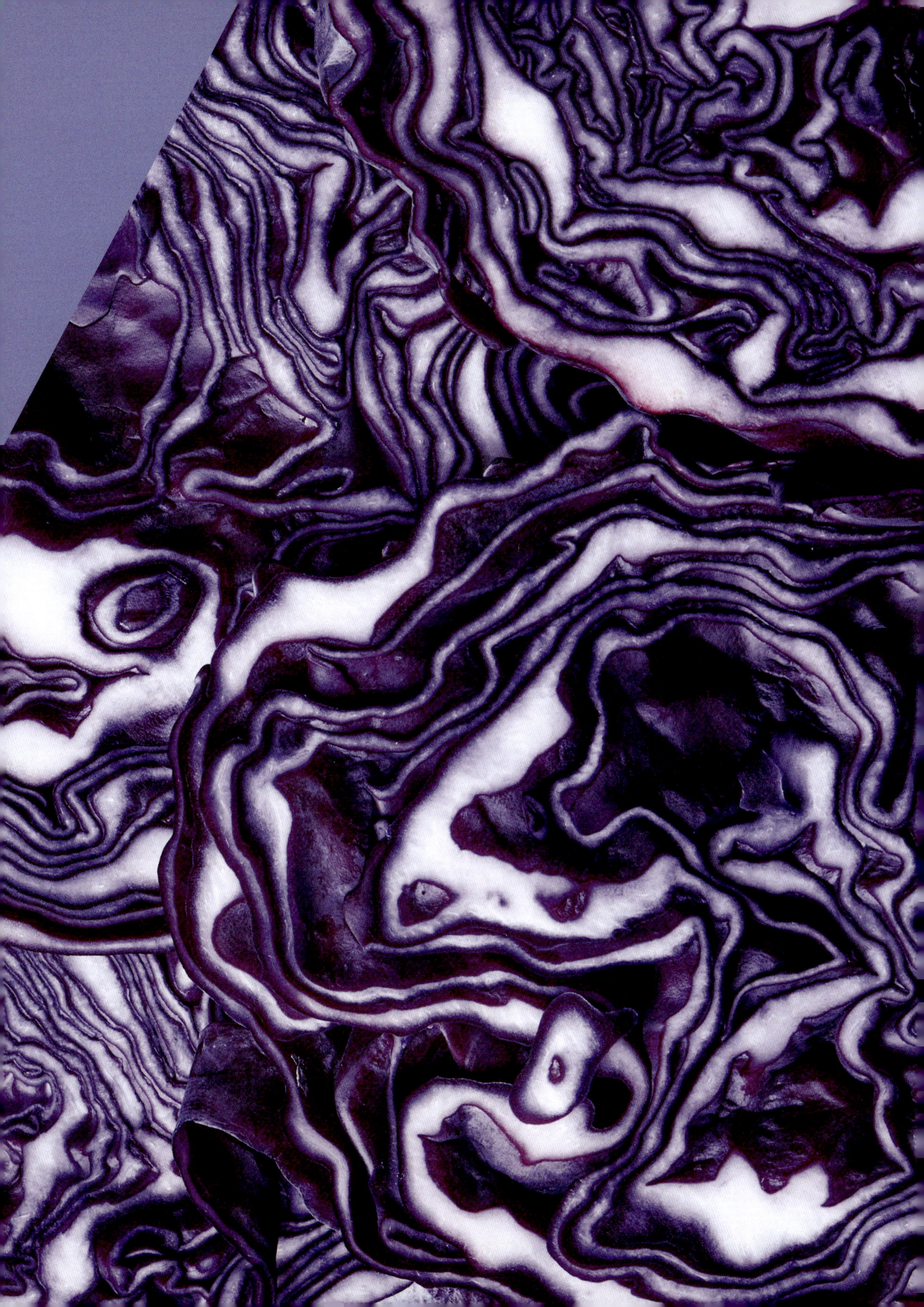

# LINSENSALAT
## LEVANTE

Rezept Nummer 15

Für 4 Personen
Zubereitung 45 Min.
Zutaten 1 Jahr haltbar
Pro Portion ca. 505 kcal

**Dieser Salat ist für mich der beste Beweis, wie lecker vegane Gerichte mit orientalischer Note schmecken können. Und da er sich ein paar Tage im Kühlschrank hält, hab ich die Mengenangaben gleich etwas großzügiger gewählt.**

### AUS DEM VORRAT:

2 Zwiebeln
4 Knoblauchzehen
50 g Ingwer (ca. 5 cm)
2 TL Kreuzkümmelsamen
2 TL Koriandersamen
2 TL Fenchelsamen
300 g Berglinsen
12 getrocknete Datteln (ohne Stein)
2 EL neutrales Öl
2 TL edelsüßes Paprikapulver
700 g stückige Tomaten (Dose)
3 Lorbeerblätter
Salz | Pfeffer
4 EL Gemüsebrühe (Instant)
3 EL Ahornsirup

**Step 1:** Die Zwiebeln und den Knoblauch schälen und fein würfeln. Den Ingwer ebenfalls schälen und fein hacken oder reiben. Die Gewürze im Mörser fein zerstoßen.
**Step 2:** Die Linsen in einem Sieb mit kaltem Wasser abbrausen und abtropfen lassen. Die Datteln klein schneiden.
**Step 3:** Das Öl in einem Topf erhitzen. Die Zwiebeln, den Knoblauch und den Ingwer hineingeben und bei mittlerer Hitze in 1–2 Min. glasig dünsten. Die zerstoßenen Gewürze mit dem Paprikapulver einrühren, dann Datteln, Linsen, Tomaten, Lorbeerblätter, ½ TL Salz, Gemüsebrühe und 1 l Wasser dazugeben. Alles einmal aufkochen lassen, dann die Hitze etwas reduzieren und alles 25–30 Min. köcheln lassen, bis die Linsen gar sind. Dabei immer wieder umrühren und den Ahornsirup hinzufügen. Dann vom Herd nehmen und abkühlen lassen.
**Step 4:** Den Linsensalat in eine Schüssel geben, mit Salz und Pfeffer abschmecken und servieren.

**TOP TIPP:**
Für Extrafrische sorgen 3 Möhren und 2 rote Paprika – einfach klein schneiden und mit den Linsen garen.

# KICHERERBSENSALAT
## MIT FETA

Rezept Nummer 16

Für 4 Personen
Zubereitung 15 Min.
Zutaten 1 Jahr haltbar
Pro Portion ca. 500 kcal

**Dieser köstlich leichte Salat ist eine tolle Kombination aus Hülsenfrüchten, getrockneten Tomaten, cremigem Feta und fruchtiger Zitrusnote. Er schmeckt fantastisch nach Sommer, liefert jede Menge wertvoller Inhaltsstoffe und ist auch noch wirklich schnell zubereitet.**

### AUS DEM VORRAT:

500 g Kichererbsen (Glas)

1 rote Zwiebel

2 Handvoll getrocknete Tomaten (in Öl)

150 g Schafskäse (Feta)

2 Zitronen

2 Knoblauchzehen

2 TL Chili-Öl (oder Sambal Oelek für mehr Schärfe)

2 TL getrockneter Oregano

8 EL Olivenöl

½ TL Chiliflocken

Salz | Pfeffer

**Step 1:** Die Kichererbsen in ein Sieb abgießen und abtropfen lassen, dann in eine Schüssel geben (wer Zeit und Muße hat, kann die Häutchen der Kichererbsen entfernen, dann wird der Salat zarter).
**Step 2:** Die rote Zwiebel schälen und fein hacken. Die Tomaten klein schneiden. Den Feta in kleine Stücke zerbröseln. Alle Zutaten zu den Kichererbsen in die Schüssel geben.
**Step 3:** Für das Dressing die Zitronen auspressen. Die Knoblauchzehen schälen. Das Chili-Öl mit dem Oregano vermischen. Dann das Olivenöl und den Saft der Zitronen hinzufügen. Einige Chiliflocken und die Knoblauchzehen durch eine Knoblauchpresse dazugeben. Alles gut vermengen und über den Salat gießen.
**Step 4:** Den Salat vorsichtig vermengen, damit sich die Zutaten gleichmäßig verteilen. Alles mit Salz, Pfeffer und den restlichen Chiliflocken abschmecken und den Salat vor dem Servieren etwas ziehen lassen.

# ROTKOHLSALAT
## MIT FETA UND GRANATAPFEL

Rezept Nummer 17

Für 4 Personen
Zubereitung 25 Min.
Zutaten 3 Monate haltbar
Pro Portion ca. 320 kcal

**Erst im vergangenen Jahr habe ich Rotkohl als ideale Rohkost kennengelernt. Durch seine eng anliegenden Blätter ist er wirklich lange haltbar und eignet sich perfekt als schmackhafte Salat-Alternative. Mit Feta, Apfel, Walnüssen, Granatapfel und Datteln ist er nicht nur wahnsinnig lecker, sondern auch gesund und schnell zubereitet!**

### AUS DEM VORRAT:

600 g Rotkohl
1 Apfel
8 getrocknete Datteln (ohne Stein)
1 Granatapfel
100 g Schafskäse (Feta)
50 ml Apfelessig
½ TL Salz
Pfeffer
1 EL Sesam
2 EL Walnussöl
2 EL TK-Petersilie
4 EL Walnusskerne

**Step 1:** Den Rotkohl putzen, vierteln, vom Strunk befreien und die Viertel in ca. 5 cm große Stücke schneiden. Den Apfel waschen, vierteln, entkernen und in Stücke schneiden.
**Step 2:** Rotkohlstücke, Apfel und Datteln in einem Blitzhacker grob zerkleinern, dann in eine Schüssel umfüllen. (Oder den Rotkohl raspeln, Apfel und Datteln klein schneiden).
**Step 3:** Den Granatapfel halbieren, die Kerne herauslösen und in die Salatschüssel geben. Den Feta zerbröckeln und ebenfalls in die Salatschüssel geben.
**Step 4:** Für das Dressing Apfelessig, Salz, Pfeffer, Sesam, Walnussöl und Petersilie in einer kleinen Schale vermischen, dann unter die Salatzutaten rühren.
**Step 5:** Die Walnüsse grob hacken. Den Salat anrichten und mit den grob gehackten Walnusskernen bestreut servieren.

# WEISSE-BOHNEN-SALAT

Rezept Nummer 18

Für 4 Personen
Einweichzeit 12 Std.
Kochzeit 1 Std.
Zubereitung 25 Min.
Zutaten 1 Jahr haltbar
Pro Portion ca. 285 kcal

**Dieser traditionelle türkische Bohnensalat (Piyaz) mit einem Tahindressing ist eine einfache und leckere Beilage. Er schmeckt auf Salatblättern oder als Teil eines Mezze-Menüs.**

## AUS DEM VORRAT:

225 g getrocknete Cannelinibohnen (oder 500 g gegarte weiße Bohnen im Glas)

2 Lorbeerblätter

Meersalz

2 Zitronen

1 große Knoblauchzehe

30 g TK-Petersilie

4 EL Tahin (Sesampaste)

2 EL Apfelessig

3 EL Olivenöl

Pfeffer

1 rote Zwiebel

Chiliflocken nach Geschmack

**Step 1:** Die Bohnen abwaschen, in einen Topf geben und mit kaltem Wasser bedeckt ca. 12 Std., am besten über Nacht, quellen lassen.

**Step 2:** Die eingeweichten Bohnen abgießen und nochmals mit frischem Wasser abspülen. Dann in einen Kochtopf geben und so viel Wasser einfüllen, dass sie etwa 2 cm mit Wasser bedeckt sind. Die Lorberblätter und 1 TL Salz zufügen, dann die Bohnen bei kleiner Hitze zugedeckt 45–60 Min. garen, bis sie schön weich sind (das kann je nach Größe der Bohnen auch länger dauern). Anschließend die Bohnen in der Kochbrühe abkühlen lassen.

**Step 3:** In der Zwischenzeit die Zitronen auspressen, den Knoblauch schälen und fein hacken. In einer großen Schüssel die Petersilie mit 1 EL warmer Kochbrühe, dem Zitronensaft, Tahin, Essig, Knoblauch und Olivenöl vermischen. Das Dressing mit Salz und Pfeffer würzen.

**Step 4:** Die Zwiebel schälen, in feine Streifen schneiden und zum Dressing in die Schüssel geben. Das Ganze mit Chiliflocken abschmecken.

**Step 5:** Die Bohnen abgießen, in die Schüssel geben und mit der Sauce vermischen. Vor dem Servieren den Salat ca. 30 Min. im Kühlschrank durchziehen lassen.

# ROTE-BETE-ORANGEN-SALAT

Rezept Nummer 19

Für 4 Personen
Zubereitung 20 Min.
Zutaten 6 Monate haltbar
Pro Portion ca. 480 kcal

**Hier kommt ein farbenfroher, vitamin- und mineralstoffreicher Salat mit Roter Bete und Orangen, der mit gerösteten Walnüssen garniert wird. Auch wenn für diese leckere Kombination eher im Winter Hauptsaison hat, kommt er bei uns auf den Tisch, sobald wir irgendwo an feine Orangen kommen.**

### AUS DEM VORRAT:

2 Bio-Orangen
3 EL Aceto balsamico
2 TL Dijon-Senf
2 TL Honig
70 ml Olivenöl
Salz | Pfeffer
500 g gegarte Rote Bete (vakuumverpackt)
80 g Walnusskerne
100 g Schafskäse (Feta)

**Step 1:** Die Orangen heiß waschen und abtrocknen, 2 TL Schale fein abreiben. Diese mit Essig, Senf, Honig und Olivenöl zu einem Dressing verrühren und mit Salz und Pfeffer abschmecken.
**Step 2:** Die Orangen filetieren. Die Rote Bete in Scheiben schneiden. Die Walnüsse in einer kleinen Pfanne ohne Fett anrösten. Den Feta grob zerbröckeln.
**Step 3:** Alle Zutaten in einer Schüssel mit dem Dressing mischen, den Salat noch einmal mit Salz und Pfeffer abschmecken und sofort servieren.

**TOP TIPP:**

Im Sommer schmecken auch Birnen statt der Orangen.

ÄPFEL
LAGERN

**TOP TIPP:**

Äpfel am besten bei ca. 5 Grad und hoher Luftfeuchtigkeit, beispielsweise im Keller, lagern und dabei nicht stapeln – so halten sie gut 3–4 Monate. Einige Sorten gelten als besonders lagerfähig, etwa Boskoop, Braeburn oder Elstar.

# WALDORFSALAT

Rezept Nummer 20

Für 4 Personen
Zubereitung 35 Min.
Zutaten 3 Monate haltbar
Pro Portion ca. 400 kcal

**Zur Abwechslung mal ein amerikanisches Salatrezept, welches im New Yorker Waldorf Hotel erfunden wurde und inzwischen zu den Klassikern gehört. An der Mayonnaise erkennt man gut, dass das Rezept aus dem vorletzten Jahrhundert stammt. Ob man es nun mit Ananas, Mandarinen oder Datteln anreichert - lecker ist der Salat so oder so.**

## AUS DEM VORRAT:

500 g Knollensellerie
Salz | Pfeffer
4 säuerliche Äpfel (z. B. Braeburn, ca. 600 g)
3 EL Zitronensaft + mehr zum Abschmecken
80 g Walnusskerne
120 g Mayonnaise
50 g Crème fraîche (30 % Fett)

**Step 1:** Den Knollensellerie schälen und in kleine Würfel schneiden. Diese in eine große Schüssel geben und leicht salzen. Die Äpfel waschen, vierteln, entkernen und ebenfalls in kleine Würfel schneiden. Die Apfelwürfel sofort mit dem Zitronensaft beträufeln. Die Walnusskerne grob hacken und mit den Apfelwürfeln zum Sellerie geben.
**Step 2:** Mayonnaise und Crème fraîche in einer kleinen Schüssel vermengen. Die Mischung über die vorbereiteten Sellerie-, Apfel- und Walnussstücke gießen und vorsichtig unterheben, bis alles gleichmäßig verteilt ist.
**Step 3:** Den Waldorfsalat mit Pfeffer würzen und nach Belieben mit mehr Salz und Zitronensaft abschmecken. Für mind. 30 Min. im Kühlschrank ziehen lassen, anschließend kühlschrankkalt servieren.

**TOP TIPP:**

Leichter wird der Salat, indem man einen Teil der Mayonnaise durch Joghurt ersetzt.

# HERINGSSALAT
## MIT ÄPFELN

Rezept Nummer 21

Für 4 Personen
Zubereitung 30 Min.
Marinieren 60 Min.
Zutaten 1 Monat haltbar
Pro Portion ca. 375 kcal

**Sicherlich ist diese Kost nicht nur für süddeutsche Hausmänner eine schöne Erinnerung an den letzten Nordsee-Urlaub. Die salzigen Heringsfilets harmonieren perfekt mit dem süßsäuerlichen Geschmack der Äpfel, Gürkchen und der Roten Beten. Und in Windeseile zubereitet ist das Ganze auch noch.**

**AUS DEM VORRAT:**

4 Matjes-Doppelfilets (je ca. 100 g, ohne Gräten)
1 rote Zwiebel
1 Gewürzgurke
1 säuerlicher Apfel (z. B. Boskop)
1 EL Zitronensaft
200 g gegarte Rote Bete (vakuumverpackt)
1 TL Kapern (in Salz )
2 EL Joghurt
100 g Schmand
3 EL H-Sahne
1 TL scharfer Senf
3 EL Weißweinessig
Salz | Pfeffer
Zucker
1 EL TK-Dill

**Step 1:** Die Matjesfilets trocken tupfen und in mundgerechte Stücke schneiden. Die Zwiebel schälen und in feine Ringe schneiden. Die Gewürzgurke ebenfalls in kleine Würfel schneiden. Den Apfel waschen, vierteln, entkernen und in dünne Scheiben schneiden, diese mit dem Zitronensaft beträufeln. Die Rote Bete in etwa 0,5 cm große Würfel schneiden. Die Kapern abgießen und fein hacken.
**Step 2:** Für die Marinade Joghurt, Schmand, Sahne, Senf und Weißweinessig in einer großen Schüssel verrühren. Mit Salz, Pfeffer und Zucker kräftig würzen.
**Step 3:** Matjes, Zwiebeln, Gewürzgurke, Apfel, Rote Bete und Kapern in die Schüssel mit der Marinade geben, den Dill gut untermengen. Alles zugedeckt für mind. 1 Std. im Kühlschrank durchziehen lassen.
**Step 4:** Zum Servieren den Heringssalat auf Tellern anrichten. Dazu passt dunkles oder Schwarzbrot.

# ROTE-BETE-APFEL-SALAT

Rezept Nummer 22

Für 4 Personen
Zubereitung 30 Min.
Zutaten 3 Monate haltbar
Pro Portion ca. 245 kcal

**AUS DEM VORRAT:**

500 g gegarte Rote Bete (vakuumverpackt)

1 Zwiebel

3 EL Zitronensaft

2 TL Honig

3 EL Olivenöl

Salz | Pfeffer

2 EL TK-Petersilie

2 säuerliche Äpfel (z. B. Braeburn)

100 g Schafskäse (Feta)

**Die Rote Bete ist nicht nur ein Superfood und Gemüse des Jahres 2023/24, sondern auch noch ganz schön lange haltbar. Also die ideale Basis für einen leckeren Salat. Was will man mehr?**

**Step 1:** Die Rote Bete schälen und in dünne Scheiben hobeln. Die Zwiebel schälen und fein würfeln.
**Step 2:** In einer kleinen Schüssel 2 EL Zitronensaft, Honig und Olivenöl zu einem Dressing verrühren, mit Pfeffer und einer Prise Salz abschmecken. Die Petersilie unterrühren.
**Step 3:** Die Rote Bete und die Zwiebelwürfel in einer großen Schüssel mit dem Dressing vermengen. Alles gut mischen und für 5–10 Min. marinieren lassen.
**Step 4:** In der Zwischenzeit die Äpfel waschen, vierteln, entkernen und in dünne Scheiben schneiden. Mit dem restlichen EL Zitronensaft beträufeln.
**Step 5:** Die marinierte Rote Bete auf einer Servierplatte anrichten. Die Apfelscheiben darüberlegen. Den Feta über den Salat bröseln und servieren.

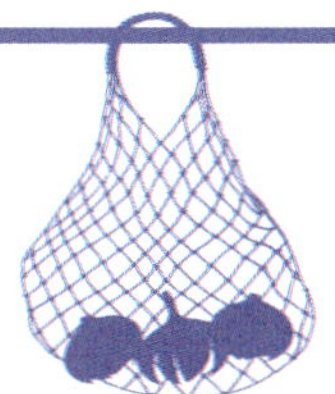

# FREGOLA SARDA
## MIT KIDNEYBOHNEN

Rezept Nummer 23

Für 4 Personen
Zubereitung 45 Min.
Zutaten 1 Jahr haltbar
Pro Portion ca. 300 kcal

**Ich habe ein Nudelsalat-Trauma, verursacht durch Sommerfeste, Kindergeburtstage und Grillpartys: riesige Schüsseln voll weich gekochter Nudeln, vermengt mit Mayonnaise, Mais, Käsewürfeln, Fleischwurst und Eiern. Konzeptionell würde solch ein Salat ja gut in dieses Buch passen - geschmacklich überhaupt nicht. Als delikate Alternative empfehle ich einen mit traditioneller sardischer Pasta, goldgelb gerösteten Kügelchen aus Hartweizendunst, vergleichbar mit grobem Couscous.**

### AUS DEM VORRAT:

200 g Fregola Sarda (ersatzweise Kritharaki, reisförmige Nudeln)

Salz | Pfeffer

Olivenöl

2 Schalotten

3 Knoblauchzehen

250 g Kidneybohnen (Dose)

250 g gegrillte Paprika (in Öl; Glas)

½ Bio-Zitrone | 1 TL Senf

1 EL getrockneter Oregano

2 EL TK-Petersilie

2 EL TK-Basilikum

milder Kräuteressig

**Step 1:** Die Fregola in reichlich Salzwasser ca. 1 Min. weniger als auf der Packung angegeben weich kochen, dann abgießen und kurz abtropfen lassen. In eine große Salatschüssel geben und mit etwas Olivenöl vermengen.
**Step 2:** Während die Pasta kocht, Schalotten und den Knoblauch schälen und fein würfeln. Die Kidneybohnen in ein Sieb gießen, abbrausen und abtropfen lassen. Die gegrillte Paprika abtropfen lassen und klein schneiden.
**Step 3:** Etwas Olivenöl in einer Pfanne erhitzen, Schalotten, Knoblauch und Paprika darin kurz andünsten. Die Kidneybohnen zufügen und alles mit etwas Essig, Salz und Pfeffer abschmecken. Die Pfanne vom Herd ziehen und die Mischung kurz abkühlen lassen.
**Step 4:** Die Zitrone heiß waschen und abtrocknen, die Schale fein abreiben und den Saft auspressen. Den Zitronensaft mit dem Abrieb, Senf und Oregano vermengen.
**Step 5:** Die Paprikamischung, die Kräuter und das Zitronendressing zur Fregola geben und alles gut mischen. Den Salat mit Essig und Öl abschmecken und servieren.

# STEIRISCHER KÄFERBOHNENSALAT

Rezept Nummer 24

Für 4 Personen
Zubereitung 2 Min.
Einweichzeit 8 Std. (oder über Nacht)
Kochzeit 1 Std. 30 Min.
Ruhezeit 30 Min.
Zutaten 1 Jahr haltbar
Pro Portion ca. 265 kcal

**In Österreich werden Feuerbohnen liebevoll Käferbohnen genannt. Sie sind um einiges größer als die verbreiteteren Kidneybohnen, eignen sich aber hervorragend für einen feinen Bohnensalat. Wer im Frühjahr ein paar der getrockneten Bohnen übrig hat, kann sie in etwas Erde einsetzen und sich überraschen lassen.**

## AUS DEM VORRAT:

250 g getrocknete Käferbohnen (alternativ 500 g gekochte Käfer- oder Kidneybohnen aus dem Glas)

2 Lorbeerblätter

Salz | Pfeffer

1 große rote Zwiebel

3 EL Kürbiskernöl

5 EL Apfelessig

1 TL TK-Petersilie

**Step 1:** Die getrockneten Käferbohnen in einer großen Schüssel mit lauwarmem Wasser bedecken und mind. 8 Std., besser über Nacht, einweichen.
**Step 2:** Am nächsten Tag das Einweichwasser abgießen. Die Bohnen in einen großen Topf geben, mit frischem Wasser aufgießen und mit den Lorbeerblättern aufkochen. Etwas Salz hinzufügen und die Käferbohnen bei kleiner Hitze etwa 1 Std. 30 Min. köcheln lassen, bis sie weich sind. Dann abseihen, abbrausen und in eine Salatschüssel geben.
**Step 3:** Die Zwiebel schälen, fein würfeln und zu den Bohnen in die Schüssel geben.
**Step 4:** Für das Dressing das Kürbiskernöl, den Apfelessig, Salz, Pfeffer und die Petersilie und in einer kleinen Schüssel vermischen. Die Sauce über die Bohnen gießen und den Salat ca. 30 Min. durchziehen lassen, dann servieren.

# WAS AUS DEM SUPPENTOPF

# APRIKOSEN-TOMATEN-SUPPE
## MIT SALBEI

Rezept Nummer 25

**Für 4 Personen**
**Zubereitung 45 Min.**
**Zutaten 1 Jahr haltbar**
**Pro Portion ca. 190 kcal**

### AUS DEM VORRAT:

1 große Zwiebel
150 g getrocknete Aprikosen
2 EL Gemüsebrühe (Instant)
2 EL Olivenöl
700 g passierte Tomaten
1 Lorbeerblatt
2 EL getrockneter Salbei (ca. 10 mittlere Blätter)
1 TL Zimtpulver
Salz | Pfeffer

**Auf dem Papier mag diese Suppe unspektakulär klingen, aber auf dem Gaumen beweist sie das Gegenteil. Bei uns gehört dieses Rezept zum Standardrepertoire, sogar die Kinder lieben es.**

**Step 1:** Die Zwiebel schälen und würfeln. Die getrockneten Aprikosen in dünne Streifen schneiden. Das Gemüsebrühpulver mit 500 ml kochendem Wasser aufgießen.
**Step 2:** Das Olivenöl in einem Topf erhitzen. Zuerst die Zwiebeln darin anschwitzen, dann die Aprikosen zugeben und alles ca. 5 Min. andünsten.
**Step 3:** Die Tomaten, das Lorbeerblatt und den getrockneten Salbei untermischen. Die Gemüsebrühe angießen und die Suppe ca. 30 Min. bei mittlerer Hitze köcheln lassen.
**Step 4:** Die Suppe mit Zimt, Salz und Pfeffer abschmecken. Das Lorbeerblatt entfernen. Anschließend die Suppe fein pürieren und servieren.

**TOP TIPP:**

Dazu passen ein paar dicke Grissini, Taralli oder frisches Weißbrot.

# MAISCREMESUPPE
## MIT CHILI

Rezept Nummer 26

Für 4 Personen
Zubereitung 45 Min.
Zutaten 1 Jahr haltbar
Pro Portion ca. 585 kcal

**Ehrlich gesagt bin ich kein großer Fan von Mais, aber in der Suppe schmeckt er mir in Kombination mit dem Chili und der süßscharfen Note ausgezeichnet. Und ein paar Dosen Mais finden sich erfahrungsgemäß in jeder Vorratskammer.**

### AUS DEM VORRAT:

2 Zwiebeln
2 EL neutrales Öl
½ TL Chiliflocken
2 TL Gemüsebrühe (Instant)
800 g Mais (Dose)
500 g H-Sahne
Salz
Zitronensaft
1 EL TK-Schnittlauch

**Step 1:** Die Zwiebeln schälen und fein würfeln. Das Öl in einem Topf erhitzen und die Zwiebelwürfel darin bei mittlerer Hitze andünsten, bis sie weich sind. Die Chiliflocken dazugeben und kurz mitdünsten. Das Gemüsebrühpulver mit 1 l kochendem Wasser aufgießen.
**Step 2:** Die Maiskörner in ein Sieb abgießen und gründlich mit kaltem Wasser abspülen. Dann zu den Zwiebeln in den Topf geben und alles mit Sahne und Gemüsebrühe aufgießen. Einmal aufkochen, dann alles bei mittlerer Hitze ca. 30 Min. köcheln lassen.
**Step 3:** Die Suppe vom Herd nehmen und cremig pürieren. Anschließend die Suppe durch ein Passiersieb streichen, um feste Schalen zu entfernen. Die pürierte Suppe noch einmal mit dem Pürierstab aufschlagen, bis sie schön cremig ist, dann mit Salz und Zitronensaft abschmecken. Schließlich in tiefe Teller füllen und mit Schnittlauch bestreut servieren.

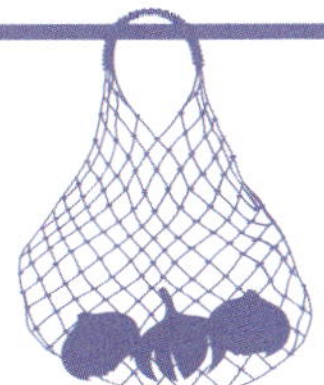

# MARONENSUPPE
## MIT ZIMT

Rezept Nummer 27

**Für 4 Personen**
**Zubereitung 45 Min.**
**Zutaten 6 Monate haltbar**
**Pro Portion ca. 625 kcal**

**Diese Maronensuppe mit Zimt ist nicht nur köstlich, sondern dank der vorgekochten Maronen auch ohne großen Aufwand zubereitet. Im Herbst kann man selbstverständlich auch frische Maronen selbst rösten - wenn man etwas Zeit und Muße mitbringt.**

### AUS DEM VORRAT:

2 Zwiebeln

400 g gegarte Maronen (vakuumverpackt)

3 TL Gemüsebrühe (Instant)

100 g Butter

350 g H-Sahne

125 ml H-Milch

Salz

Zucker

Zimtpulver

**Step 1:** Zwiebeln schälen und fein hacken. Die Maronen ebenfalls hacken. Das Gemüsebrühpulver mit 750 ml kochendem Wasser aufgießen.
**Step 2:** Die Butter in einem Topf erhitzen und die Zwiebeln darin glasig anschwitzen. Die gehackten Maronen hinzufügen und die Gemüsebrühe angießen. Alles einmal aufkochen, dann bei kleiner Hitze ca. 30 Min. köcheln lassen.
**Step 3:** Die Sahne und die Milch dazugeben und alles weitere 5 Min. köcheln lassen.
**Step 4:** Die Suppe fein pürieren und mit Salz, einer Prise Zucker und etwas Zimt abschmecken. Heiß servieren.

**TOP TIPP:**

Die vorgegarten Maronen sind auch ein leckerer Snack für zwischendurch.

# ROTE-BETE-SUPPE

## MIT APFEL

Rezept Nummer 28

**Für 4 Personen**
**Zubereitung 35 Min.**
**Zutaten 1 Jahr haltbar**
**Pro Portion ca. 375 kcal**

**Es soll ja Leute geben, die keine Rote Bete mögen. Wer sich dazuzählt, könnte einmal diese Kombination mit Äpfeln probieren. Sie ist der perfekte Einstieg in die Welt der roten Rüben.**

### AUS DEM VORRAT:

1 große Zwiebel
800 g gegarte Rote Bete (vakuumverpackt)
4 EL Gemüsebrühe (Instant)
2 EL neutrales Öl
2 TL Koriandersamen
4 Pimentkörner
2 Lorbeerblätter
300 ml Apfelsaft
2 säuerliche Äpfel
3 TL Aceto balsamico
Salz | Pfeffer
100 g H-Saure-Sahne
1 Handvoll Apfelchips

**Step 1:** Die Zwiebel schälen und fein würfeln. Die Rote Bete in grobe Stücke schneiden. Das Gemüsebrühpulver mit 1 l kochendem Wasser aufgießen.
**Step 2:** Das Öl in einem großen Topf erhitzen und die Zwiebelwürfel darin glasig dünsten. Rote Bete, Koriandersamen, Pimentkörner und Lorbeerblätter hinzufügen. Apfelsaft und Gemüsebrühe angießen und alles zum Kochen bringen.
**Step 3:** Die Äpfel schälen, vierteln, entkernen und in kleine Stücke schneiden. Zur Suppe geben und bei kleiner Hitze ca. 10 Min. köcheln lassen, bis die Apfelstücke weich sind.
**Step 4:** Lorbeerblätter und Pimentkörner entfernen, dann die Suppe fein pürieren. Würzig mit etwas Essig, Salz und Pfeffer abschmecken.
**Step 5:** Die Suppe auf tiefe Teller verteilen. Je einen Klecks saure Sahne daraufgeben und leicht unterrühren. Mit den Apfelchips toppen und servieren.

# APFEL-KARTOFFEL-SUPPE

## MIT SPECK

Rezept Nummer 29

**Für 4 Personen**
**Zubereitung 40 Min.**
**Zutaten 3 Monate haltbar**
**Pro Portion ca. 460 kcal**

**Diese Suppe ist echte Hausmannskost und eine verfeinerte Abwandlung der rheinländischen Himmel & Ääd. Dabei handelt es sich um einen Herbstklassiker, der in keinem Brauhaus fehlen darf. Statt Speck kann man natürlich auch gebratene Blutwurst verwenden.**

### AUS DEM VORRAT:

600 g Äpfel (Boskop)
3 Zwiebeln
3 EL Gemüsebrühe (Instant)
3 EL Butter
2 Lorbeerblätter
400 g mehligkochende Kartoffeln
50 ml Portwein
500 ml Apfelsaft
150 g Speckwürfel
4 EL Rotkohl (Glas)
Salz | Pfeffer

**Step 1:** Die Äpfel schälen, vierteln, entkernen und grob würfeln. Einen Apfel für das Topping fein würfeln und beiseitestellen. Die Zwiebeln ebenfalls schälen und grob würfeln. Das Gemüsebrühpulver in einem Mixbecher mit 1 l kochendem Wasser aufgießen.
**Step 2:** Die Butter in einem mittelgroßen Topf schmelzen und Zwiebeln, Apfelstücke und die Lorbeerblätter bei kleiner Hitze anschwitzen.
**Step 3:** Inzwischen die Kartoffeln schälen, in Stücke schneiden und in den Topf geben. Alles mit Portwein ablöschen, dann Apfelsaft und Gemüsebrühe hinzufügen. Alles bei kleiner Hitze bei geschlossenem Deckel für ca. 30 Min. köcheln lassen, bis die Kartoffelstücke weich sind.
**Step 4:** Inzwischen die Speckwürfel in einer Pfanne ohne Fett bei kleiner Hitze auslassen. Den Rotkohl hinzufügen und kurz mitdünsten. Dann die beiseitegestellten Apfelwürfel untermischen und das Topping kräftig mit Salz und Pfeffer abschmecken.
**Step 5:** Die Suppe pürieren. Dann in tiefen Tellern anrichten und mit dem Topping heiß servieren.

# KARTOFFELN LAGERN

**TOP TIPP:**

Kartoffeln lagern am besten im Dunklen, denn bekommen sie viel Licht, kann Solanin entstehen. Die Knollen bekommen dann grüne Stellen und werden ungenießbar. Feuchtigkeit mögen Kartoffeln ebenfalls nicht, weil sie dann schnell schimmeln oder faulen können. Daher lagern sie am liebsten in einem Weidenkorb, einem Leinensack oder in einer Holzkiste. Und: Am besten späte, im Herbst geerntete Kartoffeln einlagern, ihre feste Schale macht sie besonders robust.

# ZWIEBELSUPPE
## MIT PARMESANCRACKERN

Rezept Nummer 30

**Für 4 Personen**
**Zubereitung 1 Std. 30 Min.**
**Zutaten 6 Monate haltbar**
**Pro Portion ca. 500 kcal**

**Dank Kreuzkümmel, Koriander, Tomaten und ein paar weiteren orientalischen Gewürzen wird diese Zwiebel-Kichererbsen-Suppe zu einer pikant-fruchtigen Mahlzeit. Die Parmesancracker machen sie sogar gästefein.**

### AUS DEM VORRAT:

1,2 kg Zwiebeln
50 g Butter
3 EL Olivenöl
100 g Parmesan
8 Kardamomkapseln
1 EL Koriandersamen
2 TL Kreuzkümmelsamen
2 Gewürznelken
½ TL Bockshornkleesamen
½ TL gemahlene Kurkuma
250 g passierte Tomaten
6 TL Gemüsebrühe (Instant)
1 Dose Kichererbsen (400 g)
Salz | Pfeffer

**Step 1:** Zwiebeln schälen und fein schneiden. Butter und Olivenöl in einem großen Schmortopf erhitzen. Zwiebeln hinzufügen und bei mittlerer Hitze 45 Min. schmoren lassen, bis sie weich und goldbraun sind.
**Step 2:** Inzwischen den Ofen auf 180° vorheizen. Den Parmesan fein reiben und dünn, aber zusammenhängend auf einem mit Backpapier belegten Blech verteilen. Den Käse im heißen Ofen (Mitte) 4–6 Min. goldgelb schmelzen lassen. Herausnehmen, auf dem Papier vom Blech ziehen und bis zum Servieren auskühlen lassen.
**Step 3:** Die Kardamomkapseln öffnen und die Samen entnehmen. Koriander, Kreuzkümmel, Nelken, Bockshornklee und Kardamom in einer Pfanne ohne Fett rösten. Dann im Mörser fein zerkleinern und die Kurkuma untermischen.
**Step 4:** Die Gewürzmischung mit den passierten Tomaten zu den Zwiebeln geben und alles ca. 5 Min. kochen lassen.
**Step 5:** Das Gemüsebrühpulver mit 1,5 l kochendem Wasser aufgießen. Die Kichererbsen durch ein Sieb abgießen und abbrausen, dann mit der Gemüsebrühe zu den Zwiebeln geben. Die Suppe salzen und pfeffern, dann weitere 30 Min. bei kleiner Hitze köcheln lassen.
**Step 6:** Den Parmesan in mundgerechte Stücke brechen. Die Suppe in tiefe Teller geben und mit den Crackern servieren.

# LINSENCREMESUPPE LEVANTE

Rezept Nummer 31

Für 4 Personen
Zubereitung 35 Min.
Zutaten 3 Monate haltbar
Pro Portion ca. 445 kcal

### AUS DEM VORRAT:

3 EL TK-Schnittlauch
1 große Zwiebel
Sesamöl zum Anbraten
1 TL Kreuzkümmelsamen
½ TL Koriandersamen
½ TL gemahlene Vanille
4 TL Gemüsebrühe (Instant)
250 g rote Linsen
2 EL Tomatenmark
250 ml Orangensaft
Salz | Pfeffer
200 g Crème fraîche (30 % Fett)

**Ein paar Gewürze und schon schmecken die roten Linsen orientalisch. Kreuzkümmel übrigens bitte nicht mit Kümmel verwechseln – sieht zwar ähnlich aus, schmeckt aber viel besser.**

**Step 1:** Den Schnittlauch auftauen.
**Step 2:** Die Zwiebel schälen, grob hacken und im Sesamöl glasig dünsten. Kreuzkümmel, Koriander und Vanillepulver hinzufügen und kurz anrösten.
**Step 3:** Das Gemüsebrühpulver separat mit 1 l kochendem Wasser aufgießen.
**Step 4:** Die roten Linsen in den Topf zu den Zwiebeln geben und alles mit der Gemüsebrühe ablöschen. Einmal aufkochen, dann bei kleiner Hitze ca. etwa 20 Min. köcheln lassen, bis die Linsen weich sind.
**Step 5:** Das Tomatenmark und den Orangensaft in die Suppe rühren. Dann alles cremig pürieren und schließlich kräftig mit Salz und Pfeffer abschmecken.
**Step 6:** Die Suppe mit einem Klecks Crème fraîche und Schnittlauch servieren.

**TOP TIPP:**

**Sehr empfehlenswert: Angeröstete Gewürze als tolles Topping über die fertige Suppe.**

# BIRNEN-KÜRBIS-SUPPE
## MIT ZIMTSAHNE

Rezept Nummer 32

Für 4 Personen
Zubereitung 45 Min.
Zutaten 3 Monate haltbar
Pro Portion ca. 690 kcal

**Der Herbst ist da, die letzten Birnen werden geerntet und überall gibt es Kürbisse. Was liegt da näher, als Kürbis mit fruchtiger Birne zu kombinieren. Zimt gibt noch eine besondere Aromanote, die schon ein bisschen die kalte Jahreszeit auf den Tisch bringt.**

**AUS DEM VORRAT:**

1,2 kg Hokkaidokürbis
2 Zwiebeln
1 Stück Ingwer (ca. 4 cm)
4 EL Kürbiskernöl
4 TL Gemüsebrühe (Instant)
2 Birnen (ersatzweise Äpfel)
500 ml Apfelsaft
250 g H-Sahne
Salz | Pfeffer
½ TL Zimtpulver
4 EL Kürbiskerne
Cayennepfeffer

**Step 1:** Den Kürbis waschen, halbieren und die Kerne mit einem Löffel entfernen. Das Fruchtfleisch grob würfeln. Zwiebeln und Ingwer schälen und in kleine Stücke hacken.
**Step 2:** Das Kürbiskernöl in einem Topf erhitzen, die Zwiebeln und den Ingwer darin anschwitzen. Die Kürbiswürfel dazugeben und kurz anbraten. Das Gemüsebrühpulver separat mit 1 l kochendem Wasser aufgießen, dann den Kürbis damit ablöschen. Alles einmal aufkochen und bei kleiner Hitze köcheln lassen, bis der Kürbis weich ist.
**Step 3:** Inzwischen die Birnen schälen und vierteln, vom Kerngehäuse befreien. Das Fruchtfleisch in grobe Stücke schneiden und mit dem Apfelsaft in den Topf geben. Bei kleiner Hitze einige Min. mitgaren lassen.
**Step 4:** Inzwischen die Sahne steif schlagen, mit etwas Salz und gemahlenem Zimt würzen. Die Kürbiskerne in einer Pfanne ohne Fett anrösten.
**Step 5:** Die Suppe pürieren und mit Salz, Pfeffer und Cayennepfeffer abschmecken. Dann mit Zimtsahne und Kürbiskernen bestreut servieren.

# ROTE-BETE-KOKOS-SUPPE

Rezept Nummer 33

Für 4 Personen
Zubereitung 35 Min.
Zutaten 1 Jahr haltbar
Pro Portion ca. 180 kcal

AUS DEM VORRAT:

3 EL TK-Petersilie

500 g gegarte Rote Bete (vakuumverpackt)

2 Knoblauchzehen

1 Stück Ingwer (2 cm)

3 EL neutrales Öl

1 Dose Kokosmilch (400 g)

1 Prise Chilipulver

Salz | Pfeffer

2 EL Zitronensaft

**Bei dieser Suppe muss man eigentlich nur aufpassen, dass man nicht kleckert. Ansonsten ist sie absolut gelingsicher und ein rosaroter Hingucker im Teller.**

**Step 1:** Die Petersilie auftauen. Die Rote Bete in Scheiben schneiden und einen kleinen Teil davon fürs Topping beiseitestellen. Knoblauch und Ingwer schälen und klein hacken.
**Step 2:** Das Öl in einem Topf erhitzen. Knoblauch und Ingwer darin kurz andünsten, dann die Rote Bete hinzufügen und kurz mitdünsten.
**Step 3:** Kokosmilch, einen Schuss Wasser, Chilipulver und 1 TL Salz hinzufügen und alles einmal aufkochen lassen. Dann bei kleiner Hitze für ca. 15 Min. köcheln lassen.
**Step 4:** Inzwischen die beiseitegesetllte Rote Bete in feine Streifen schneiden. Dann die Suppe pürieren und nach Belieben mit etwas Wasser verdünnen. Mit Zitronensaft, Salz und Pfeffer abschmecken und mit den Rote-Bete-Streifen und der aufgetauten Petersilie servieren.

# KARIBISCHE KARTOFFELSUPPE

Rezept Nummer 34

**Für 4 Personen**
**Zubereitung 45 Min.**
**Zutaten 1 Monat haltbar**
**Pro Portion ca. 550 kcal**

**AUS DEM VORRAT:**

2 TL Koriandersamen
1 TL Kreuzkümmelsamen
5 EL Kokosraspel
½ TL schwarze Senfsamen
½ TL feines Meersalz + mehr zum Abschmecken
½ TL Cayennepfeffer
1 TL gemahlener Kurkuma
2 Msp. gemahlene Vanille
1 kg festkochende Kartoffeln
1 Zwiebel
1 Knoblauchzehe
1 EL neutrales Öl
2 Dosen Kokosmilch (800 g)
1 TL Gemüsebrühe (Instant)
1 Dose Ananas (Abtropfgewicht 340 g)
1 TL frischer Zitronensaft

**Auch wenn bei uns Ananas in Dosen etwas aus der Mode gekommen sind, mit de richtigen Gewürzen zaubert sie aus einer Kartoffelsuppe ein karibisch anmutendes Highlight.**

**Step 1:** Koriander, Kreuzkümmel, Kokosraspeln und Senfsamen in einer beschichteten Pfanne ohne Fett rösten, bis sie duften. Anschließend in einem Mörser zerstoßen und mit Meersalz, Cayennepfeffer, Kurkuma und Vanille vermischen.
**Step 2:** Die Kartoffeln schälen und mundgerecht würfeln. Die Zwiebel und den Knoblauch schälen und fein hacken.
**Step 3:** Das Öl in einem Topf erhitzen, Zwiebeln und Knoblauch darin glasig andünsten. Dann die vorbereitete Gewürzmischung und die Kartoffelwürfel hinzufügen. Kokosmilch und Gemüsebrühpulver hinzufügen, 250 ml Wasser angießen. Alles einmal aufkochen und bei mittlerer Hitze ca. 15 Min. köcheln lassen, bis die Kartoffeln bissfest sind.
**Step 4:** Die Ananas in grobe Stücke schneiden, dann mit Ananas- und Zitronensaft unterrühren. Die Suppe mit Salz und Cayennepfeffer abschmecken, dann kurz bei kleiner Hitze köcheln lassen, bis die Kartoffeln weich sind. Vor dem Servieren noch einmal abschmecken, dann heiß servieren.

# WAS VOM HERD

# TORTILLA ESPAÑOLA

Rezept Nummer 35

Für 4 Personen
Zubereitung 1 Stunde
Zutaten 1 Monat haltbar
Pro Portion ca. 250 kcal

**AUS DEM VORRAT:**

500 g festkochende Kartoffeln
2 Knoblauchzehen
Olivenöl
6 Eier (M)
Salz

**Ein Gericht ganz nach dem Motto »wenige Zutaten, maximaler Geschmack«. Die klassische spanische Tortilla ist nichts anderes als ein Omelett aus Kartoffeln und Eiern. Sie schmeckt warm oder kalt und am besten zu einem kalten Bier.**

**Step 1:** Die Kartoffeln schälen und in dünne Scheiben schneiden. Die Knoblauchzehen schälen und fein hacken.
**Step 2:** In einer beschichteten Pfanne großzügig Olivenöl erhitzen, sodass der Pfannenboden vollständig bedeckt ist. Zuerst den Knoblauch kurz anbraten, dann die Kartoffelscheiben ins heiße Öl geben und bei mittlerer Hitze unter gelegentlichem Umrühren knusprig braten, bis sie weich, aber noch bissfest sind. Die gebratenen Kartoffelscheiben in ein Sieb abgießen, das Öl dabei auffangen.
**Step 3:** Die Eier in einer großen Schüssel verquirlen. Die Kartoffeln hinzufügen, alles gut salzen und gut vermengen.
**Step 4:** Das aufgefangene Olivenöl zurück in die Pfanne geben und die Ei-Kartoffel-Masse hineingießen. Die Masse gleichmäßig verteilen, sodass alle Kartoffeln gut mit Ei bedeckt sind. Die Pfanne mit einem Deckel verschließen und die Tortilla bei kleiner Hitze in 20–30 Min. stocken lassen.
**Step 5:** Anschließend die Tortilla vorsichtig mit einem Teller aus der Pfanne gleiten lassen, die Pfanne darüberstülpen und mit einer schwungvollen Bewegung wenden, sodass die Oberseite unten liegt. Die Tortilla weitere 10–20 Min. in die Pfanne geben, bis sie vollständig durchgegart ist.
**Step 6:** Die Tortilla aus der Pfanne nehmen und abkühlen lassen. In Stücke schneiden und servieren.

# INDISCHES MANGOCURRY

Rezept Nummer 36

**Für 4 Personen**
**Zubereitung 40 Min.**
**Zutaten 1 Jahr haltbar**
**Pro Portion ca. 335 kcal**

**AUS DEM VORRAT:**

400 g TK-Mango
250 g Basmatireis
Salz | Pfeffer
1 Zwiebel
3 Knoblauchzehen
1 Stück Ingwer (ca. 3 cm)
250 g Kichererbsen (Glas)
2 EL neutrales Öl
2 EL Currypulver
2 EL Garam Masala
1 kleine Zimtstange
1 Dose Kokosmilch (400 g)
2 TL brauner Zucker
Chiliflocken
2 EL Zitronensaft
TK-Koriandergrün (nach Belieben)

**Achtung - wenn süße Mangos, cremige Kokosmilch und eine Fülle bombastischer Gewürze aufeinandertreffen, kann es zu einer Geschmacksexplosion kommen! Die genießt man am besten in netter Gesellschaft.**

**Step 1:** Die Mangostücke in einer Schüssel oder in einem Sieb auftauen lassen.
**Step 2:** Den Reis in einem Sieb kalt abbrausen, bis das Wasser klar bleibt. 500 ml Wasser in einem Topf zum Kochen bringen, 1 TL Salz zugeben und den Reis einrühren. Bei kleiner Hitze 15–20 Min. zugedeckt kochen, den Deckel dabei nicht öffnen. Anschließend den Topf vom Herd nehmen und den Reis mit einer Gabel auflockern.
**Step 3:** Während der Reis kocht, die Zwiebel und den Knoblauch schälen. Zwiebel in feine Ringe schneiden, Knoblauch durchpressen. Den Ingwer schälen und fein raspeln. Die Kichererbsen in ein Sieb abgießen, mit kaltem Wasser abbrausen und gut abtropfen lassen.
**Step 4:** Das Bratöl in einer beschichteten Pfanne erhitzen. Die Zwiebelringe mit Knoblauch, Ingwerraspeln, Currypulver, Garam Masala und der Zimtstange im heißen Öl bei mittlerer Hitze 2–3 Min. andünsten, bis die Gewürze langsam beginnen zu duften.
**Step 5:** Die Kokosmilch und den Zucker dazugeben und alles einmal aufkochen. Die aufgetauten Mangos hinzufügen und alles zugedeckt 3–5 Min. bei mittlerer Hitze köcheln lassen, dabei gelegentlich umrühren. Anschließend die Kichererbsen dazugeben und das Curry zugedeckt weitere 10 Min. sanft garen, dabei öfter rühren.

**Step 6:** Das Mangocurry mit Salz, Pfeffer, Chiliflocken und Zitronensaft abschmecken. Zum Servieren die Zimtstange entfernen. Das Curry mit dem Reis anrichten und nach Belieben mit Koriander garnieren.

# HERZHAFTER BOHNENEINTOPF

Rezept Nummer 37

Für 4 Personen
Zubereitung 30 Min.
Zutaten 3 Monate haltbar
Pro Portion ca. 545 kcal

**Mit diesem Rezept aus dem Wilden Westen begeben wir uns auf die kulinarischen Spuren von Bud Spencer und Terence Hill. Wer auf die Speck- und Cabanossi-Einlage verzichtet, landet beinahe beim Sheriff!**

AUS DEM VORRAT:

1 Zwiebel
2 Knoblauchzehen
150 g Cabanossi
1 Dose weiße Bohnen (Abtropfgewicht 265 g)
1 Dose Kidneybohnen (Abtropfgewicht 265 g)
2 EL neutrales Öl
125 g Speckwürfel
400 g stückige Tomaten (Dose)
2 Lorbeerblätter
125 g H-Saure-Sahne
1½ TL getrockneter Thymian
1 TL Pfeffer
1 TL Chilipulver
1 TL Paprikapulver
Salz

**Step 1:** Zwiebel und Knoblauch schälen und fein hacken. Die Cabanossi in dünne Scheiben schneiden. Beide Bohnensorten in ein Sieb abgießen, abbrausen und abtropfen lassen.
**Step 2:** Das Öl in einem großen Topf erhitzen und den gewürfelten Speck bei mittlerer Hitze knusprig braten. Die Zwiebeln und den Knoblauch dazugeben und kurz mitbraten, bis es duftet. Die Cabanossi hinzufügen und weiterbraten, bis sie leicht gebräunt sind.
**Step 3:** Die Bohnen sowie die stückigen Tomaten und die Lorbeerblätter in den Topf geben und gut umrühren. Alles zum Kochen bringen, dann die Hitze reduzieren und alles bei mittlerer Hitze ca. 10 Min. köcheln lassen.
**Step 4:** Die saure Sahne in die Suppe einrühren und mit Thymian, Pfeffer, Chili, Paprika und einer Prise Salz würzen. Gut umrühren und noch einmal ca. 5 Min. köcheln lassen. Den Eintopf heiß servieren.

# ORANGENLACHS
## MIT HONIG-SENF-SAUCE

Rezept Nummer 38

**Für 4 Personen**
**Zubereitung 40 Minuten**
**Zutaten 1 Monat haltbar**
**Pro Portion ca. 140 kcal**

**AUS DEM VORRAT:**

800 g TK-Lachsfilet (4 Stücke à ca. 200 g)

3 Schalotten

1 Zweig Rosmarin

4 Bio-Orangen

4 EL Olivenöl + mehr für den Lachs

1 EL Gemüsebrühe (Instant)

2 EL Honig

2 EL süßer Senf

2 EL Apfelessig

½ TL weißer Pfeffer + mehr für den Lachs

Salz

**Diese Kombination ist zweifellos ein Klassiker, aber mit dem fruchtigen Twist von Orangen bekommt sie eine ganz neue, süßlich-frische Dimension. Das Gericht schmeckt am besten mit Kartoffeln.**

**Step 1:** Den Lachs auftauen lassen.
**Step 2:** Die Schalotten waschen, putzen und in feine Ringe schneiden. Den Rosmarin waschen und trocken schütteln, die Nadeln abzupfen und fein hacken. 2 Orangen heiß waschen und trocknen, die Schale fein abreiben. Alle 4 Orangen auspressen, es sollten ca. 300 ml Saft sein.
**Step 3:** In einem kleinen Topf 2 EL Olivenöl erhitzen, die Zwiebeln und den Rosmarin darin andünsten. Gemüsebrühe, 300 ml Wasser und Orangensaft dazugeben. Orangenabrieb, Honig, Senf, Apfelessig und Pfeffer unterrühren. Alles mit Salz abschmecken und die Sauce bei mittlerer Hitze offen einköcheln lassen.
**Step 4:** Inzwischen den Lachs trocken tupfen und beidseitig mit etwas Olivenöl bepinseln, salzen und pfeffern. Die restlichen 2 EL Öl in einer Pfanne erhitzen und den Lachs darin bei mittlerer Hitze ca. 4 Min. pro Seite braten. Dann auf Teller geben und die Honig-Senf-Sauce darübergeben. Dazu passen Kartoffeln mit Dill.

# POLENTA
## MIT KARAMELLISIERTEN ZWIEBELN

Rezept Nummer 39

**Für 4 Personen**
**Zubereitung 1 Std. 20 Min.**
**Zutaten 1 Jahr haltbar**
**Pro Portion ca. 890 kcal**

**Polenta gehört zu den unterschätztesten Gerichten Italiens. Leicht zuzubereiten, meist vegetarisch und so vielseitig - sowohl als Hauptgericht als auch als Beilage macht sie immer eine »bella figura«. Mit Bergkäse und karamellisierten Zwiebeln geht nichts schief.**

**TOMATENSAUCE:**

1 Zwiebel
6 Knoblauchzehen
100 ml Olivenöl
800 g stückige Tomaten (Dose) | 1 TL Zucker
2 EL getr. Oregano
Salz | Pfeffer

**ZWIEBELN:**

4 Gemüsezwiebeln
6 El Öl | 4 EL Zucker
Salz | Pfeffer

**POLENTA:**

150 g Bergkäse
350 ml H-Milch
2 EL Gemüsebrühe (Instant)
60 g Butter
Salz | Pfeffer
200 g Polenta (Instant)

**Step 1:** Für die Tomatensauce Zwiebel und Knoblauch schälen, die Zwiebel hacken. In einer Pfanne 4 EL Olivenöl bei kleiner Hitze erhitzen und die Zwiebel darin in ca. 10 Min. goldgelb anbraten. Den Knoblauch ca. 1 Min. mitbraten, dann entfernen. Tomaten, Zucker, Oregano, 1 TL Salz sowie Pfeffer dazugeben und alles einmal aufkochen. Bei mittlerer Hitze ca. 15 Min. einköcheln lassen, dann zur Seite stellen.
**Step 2:** Für die karamellisierten Zwiebeln die Zwiebeln schälen und in Ringe schneiden. Das Olivenöl in einer zweiten großen Pfanne erhitzen, die Zwiebelringe hineingeben und etwas salzen. Bei kleiner Hitze unter Rühren in 15–20 Min. weich schmoren. Anschließend den Zucker unterrühren und karamellisieren lassen. Salzen und pfeffern.
**Step 3:** Für die Polenta den Käse reiben. Die Milch mit Gemüsebrühe, 30 g Butter, je ½ TL Salz und Pfeffer in einem Topf zum Köcheln bringen. Die Polenta langsam einrieseln lassen, dabei mit einem Schneebesen rühren, sodass keine Klümpchen entstehen. Ein paar Min. weiterrühren, bis die Polenta cremig ist. Geriebenen Bergkäse und die restlichen 30 g Butter unterrühren, den Topf vom Herd nehmen.
**Step 4:** Zum Servieren die Polenta auf einer großen Platte verstreichen und mit der Tomatensauce überziehen. Die karamellisierten Zwiebeln daraufgeben und servieren.

EIER
LAGERN

**TOP TIPP:**

Sind die Eier noch frisch? Für den Frischetest das Ei in eine Schüssel mit Wasser geben. Bleibt es am Boden liegen, ist es noch frisch. Wenn das Ei senkrecht im Wasser steht, ist es schon 2–3 Wochen alt – man sollte es dann nur noch gegart genießen. Schwimmt das Ei an der Wasseroberfläche, ist es wahrscheinlich verdorben.

# THUNFISCH-FRIKADELLEN

Rezept Nummer 40

**Für 4 Personen**
**Zubereitung 25 Min.**
**Zutaten 1 Jahr haltbar**
**Pro Portion ca. 355 kcal**

**AUS DEM VORRAT:**

2 Zwiebeln
1 Knoblauchzehe
3 Dosen Thunfisch im eigenen Saft (à 150 g)
3 Eier (M)
100 g zarte Haferflocken
200 g Ricotta
3 EL Semmelbrösel
2 EL TK-Petersilie
Salz | Pfeffer
2 TL neutrales Öl

**Frikadellen aus Thunfisch sind eine ideale Variante, wenn man mal kein frisches Hackfleisch zu Hause hat. Mit Haferflocken und Ricotta werden sie zu einer gesunden Proteinbombe und eignen sich auch hervorragend als Patties für den nächsten Burger.**

**Step 1:** Die Zwiebeln schälen und fein würfeln. Den Knoblauch schälen und fein hacken. Den Thunfisch in ein Sieb abgießen und gut abtropfen lassen.
**Step 2:** Eier, Haferflocken, Ricotta, Semmelbrösel, Thunfisch, Zwiebelwürfel, Knoblauch und Petersilie in einer Schüssel mischen. Die Masse kräftig mit Salz und Pfeffer würzen und zu kleinen Frikadellen formen.
**Step 3:** Das Öl in einer Pfanne erhitzen und die Thunfischfrikadellen von beiden Seiten in ca. 10 Min. goldbraun anbraten. Herausnehmen und servieren.

**TOP TIPP:**

**Selbstverständlich lässt sich auch Gemüse ergänzen: Für zusätzliche Textur und Nährstoff einfach fein geraspelte Möhre oder Zucchini unter die Masse arbeiten.**

# ROTE-BETE-RISOTTO

Rezept Nummer 41

Für 4 Personen
Zubereitung 35 Min.
Zutaten 6 Monate haltbar
Pro Portion ca. 1020 kcal

**Dieser Risotto gehört zu den leckersten und unkompliziertesten Reisgerichten, die sich aus der Vorratskammer zubereiten lassen. Allerdings sollte man etwas aufpassen, wenn man nicht zu sehr auf rote Spritzer auf weißer Kleidung steht.**

### AUS DEM VORRAT:

500 g gegarte Rote Bete (vakuumverpackt)

1 große Zwiebel

2 Knoblauchzehen

8 EL Olivenöl

500 g Risottoreis (z. B. Arborio)

2 TL getrockneter Rosmarin

200 ml Weißwein

4 EL Gemüsebrühe (Instant)

100 g frisch geriebener Parmesan

100 g Butter

Salz | Pfeffer

**Step 1:** Die Rote Bete 1–2 cm groß würfeln. Die Zwiebel und den Knoblauch schälen und fein hacken. Das Öl in einem Topf erhitzen, die Zwiebel darin in ca. 2 Min. glasig dünsten.
**Step 2:** Den Reis dazugeben und in ca. 2 Min. farblos anschwitzen. Rote Bete und Knoblauch zugeben und ca. 2 Min. mitbraten. Rosmarin zugeben, alles mit dem Wein ablöschen und die Flüssigkeit offen einkochen lassen.
**Step 3:** Inzwischen die Gemüsebrühe separat mit 1 l kochendem Wasser aufgießen. Eine Schöpfkelle heiße Gemüsebrühe in den Topf geben und unter Rühren einkochen lassen. So fortfahren, bis die Brühe verbraucht und der Reis nach ca. 20 Min. bissfest gegart ist. Den Topf vom Herd nehmen und den Rosmarin entfernen.
**Step 4:** Den Parmesan mit der Butter unterrühren, den Risotto mit Salz und Pfeffer abschmecken und servieren.

# RISOTTO
## MIT ORANGE UND GIN

Rezept Nummer 42

**Für 4 Personen**
**Zubereitung 45 Min.**
**Zutaten 6 Monate haltbar**
**Pro Portion ca. 650 kcal**

**Warum immer nur Wein in den Risotto? Man kann selbstverständlich auch seine Gin-Vorräte im Risotto versenken - mit Fenchelsamen, Orangen und Parmesan wird das ein echter Schmaus. Der Alkohol verkocht und hinterlässt eine würzige, zarte Kräuternote, einen Hauch Gin-Aroma und gibt dem Risotto Tiefe.**

### AUS DEM VORRAT:

4 Knoblauchzehen
1 Chilischote
2 TL Fenchelsamen
2 TL Salz
1 Zwiebel
3 TL Gemüsebrühe (Instant)
2 Bio-Orangen
Olivenöl
100 g Butter
200 g Risottoreis (z. B. Arborio)
200 ml Gin
100 g frisch geriebener Parmesan

**Step 1:** Den Knoblauch schälen. Die Chili waschen, dann halbieren, von den Kernen befreien und fein hacken. Fenchelsamen, Knoblauch, Chili und Salz in einem Mörser zu einer Paste zerstoßen und beiseitestellen.
**Step 2:** Die Zwiebel schälen und fein hacken. Die Gemüsebrühe in 750 ml kochendes Wasser einrühren. Die Orangen heiß waschen und abtrocknen, die Schale fein abreiben und den Saft auspressen.
**Step 3:** Etwas Olivenöl und 50 g Butter in einem Topf erhitzen. Die Zwiebel hinzufügen und in 4–5 Min. weich dünsten.
**Step 4:** Die vorbereitete Fenchelpaste hinzufügen und unter Rühren kurz mitdünsten. Den Risottoreis hinzufügen und ebenfalls kurz mitdünsten, dabei darauf achten, dass er nicht ansetzt. Anschließend mit etwas Gin ablöschen und die Flüssigkeit einkochen lassen. Dann nach und nach die Brühe und den restlichen Gin angießen und jeweils einkochen lassen. Nach ca. 20 Min. ist der Reis gar ist.
**Step 5:** Zum Schluss den Orangenabrieb, die restlichen 50 g Butter und den Parmesan unterheben. Servieren.

# STEINPILZ-ORANGEN-RISOTTO

Rezept Nummer 43

Für 4 Personen
Zubereitung 40 Min.
Einweichen 30 Min.
Zutaten 6 Monate haltbar
Pro Portion ca. 675 kcal

**AUS DEM VORRAT:**

50 g getrocknete Steinpilze

10 Salbeiblätter (getrocknet, gefroren oder frisch vom Balkon)

2 Bio-Orangen

2 Knoblauchzehen

Salz | Pfeffer

180 g Butter

250 g Risottoreis (z. B. Arborio)

80 g frisch geriebener Parmesan

**Eine absolute Knaller-Kombi! Dieser Ristotto überzeugt durch seinen klassischen aromatischen Dreiklang Salbei, Pilze und Orangen. Vielleicht hilft auch die nicht unerhebliche Menge Butter ...**

**Step 1:** Die Steinpilze mit den Salbeiblättern ca. 30 Min. in 1 l heißem Wasser einweichen. Herausnehmen und die Flüssigkeit aufbewahren. Pilze und Salbeiblätter in einem Sieb unter kaltem Wasser abbrausen, dann grob hacken.
**Step 2:** Die Orangen heiß waschen und abtrocknen. Die Schale fein abreiben und den Saft auspressen, beides in einer Schüssel mischen. Den Knoblauch schälen und hacken.
**Step 3:** Den aufbewahrten Pilzsud durch ein feines Sieb in einen Topf gießen und langsam erhitzen. Mit etwas Salz und Pfeffer würzig abschmecken.
**Step 4:** 100 g Butter in einem Topf mit dickem Boden schmelzen lassen. Knoblauch, Pilze und Salbei hinzufügen und ca. 3 Min. sanft dünsten.
**Step 5:** Den Risottoreis zur Buttermischung geben. Kellenweise den Pilzsud hinzufügen und rühren, bis der Reis ihn aufgenommen hat, dann die nächste Kelle zugeben. Den Reis ca. 20 Min. bei kleiner Hitze köcheln lassen, bis der Reis al dente ist. Dabei immer wieder Sud hinzufügen.
**Step 6:** Den Topf vom Herd nehmen und den Orangensaft sowie die restlichen 80 g Butter und die Hälfte des geriebenen Parmesans unterrühren. Den Risotto mit dem restlichen Parmesan servieren.

# GEBRATENER EIERREIS

Rezept Nummer 44

**Für 4 Personen**
**Zubereitung 30 Min.**
**Zutaten 1 Monat haltbar**
**Pro Portion ca. 510 kcal**

**Aus dem Vorrat asiatisch kochen ist leider ein Widerspruch in sich. Fast keine Küche basiert so sehr auf frischen Zutaten wie die der asiatischen Länder. Hier folgt eine kleine Ausnahme, bei der ich auf eine Gemüsemischung aus der Tiefkühltruhe zurückgreife. So geht der Eierreis schnell und einfach - und schmeckt fast wie in China.**

## AUS DEM VORRAT:

600 g TK-Asiagemüse (ungewürzt)

450 g gekochter Basmatireis vom Vortag (ca. 150 g ungekochter Reis)

4 EL Sojasauce + mehr zum Abschmecken

1 TL brauner Zucker

Salz | Pfeffer

100 g Cashewkerne

1 Zwiebel

2 Knoblauchzehen

1 Stück Ingwer (ca. 1 cm)

4 Eier (M)

2 EL geröstetes Sesamöl zum Braten

**Step 1:** Die Gemüsemischung auftauen lassen. Den Reis mit einer Gabel auflockern.
**Step 2:** In einer Schale die Sojasauce, den Zucker, etwas Pfeffer und 1 EL heißes Wasser zu einer Sauce verrühren und für später beiseitestellen.
**Step 3:** Die Cashewkerne in einer Pfanne ohne Fett anrösten und beiseitestellen. Zwiebel, Knoblauch und Ingwer schälen und fein hacken. Die Eier verquirlen, salzen und pfeffern.
**Step 4:** Das Öl in einer Pfanne erhitzen. Die Zwiebelstücke, Knoblauch und Ingwer darin kurz anbraten. Das aufgetaute Gemüse hinzufügen, den Deckel auflegen und alles bei mittlerer Hitze 2–3 Min. dünsten.
**Step 5:** Den gekochten Reis untermischen, die vorbereitete Sojasaucenmischung dazugeben und alles ca. 10 Min. unter mehrmaligem Rühren bei mittlerer Hitze weiterbraten. Mit Salz und Pfeffer abschmecken.
**Step 6:** Die Hitze reduzieren und die verquirlten Eier dazugeben. Alles gut vermischen, den Deckel erneut auflegen und ca. 5 Min. stocken lassen. Dabei einmal durchrühren.
**Step 7:** Zum Servieren die gerösteten Cashewkerne unterheben und den Eierreis mit Sojasauce abschmecken.

# WAS TEIGIGES

# GNUDI MIT RICOTTA
## UND SALBEIBUTTER

Rezept Nummer 45

Für 4 Personen
Zubereitung 45 Min.
Kühlzeit 8 Std.
Zutaten 1 Monat haltbar
Pro Portion ca. 1100 kcal

**Der Name »Gnudi« leitet sich vom toskanischen Wort für »nackt« ab, denn die feine Ricottamasse wird ohne Nudelhülle, dafür mit viel Butter und Käse serviert. Ähnlich wie bei den Malfatti handelt es sich bei diesen Knödelchen um ein einfaches Bauerngericht, das ohne Nudelmaschine auskommt.**

### AUS DEM VORRAT:

1 kg Ricotta
Salz | Pfeffer
200 g Parmesan
frisch geriebene Muskatnuss
500 g Hartweizengrieß
20 getrocknete Salbeiblätter
50 g Butter
1 Bio-Zitrone

### AUSSERDEM:

Mehl zum Arbeiten

**Step 1:** Den Ricotta in eine Schüssel geben und mit je einer Prise Salz und Pfeffer würzen. Den Parmesan reiben und die Hälfte sowie etwas geriebene Muskatnuss unter den Ricotta mengen. Die Masse kräftig abschmecken und bei Bedarf noch einmal nachwürzen.
**Step 2:** Den Hartweizengrieß auf einen großen Teller streuen. Die Hände mit etwas Mehl bestäuben und aus der Ricottamasse walnussgroße Kugeln formen. Diese im Grieß rollen, sodass sie von allen Seiten bedeckt sind. Die Gnudi gut mit Grieß bedecken und für mind. 8 Std. (oder über Nacht) in den Kühlschrank stellen.
**Step 3:** Am nächsten Tag die getrockneten Salbeiblätter in 100 ml Wasser einweichen. Die Gnudi aus dem Kühlschrank nehmen und den überschüssigen Grieß entfernen.
**Step 4:** In einem großen Topf reichlich Wasser zum Kochen bringen und salzen. Die Gnudi in kleinen Portionen je ca. 3 Min. ins kochende Wasser geben. Sobald sie an die Wasseroberfläche steigen, vorsichtig mit einer Schöpfkelle herausnehmen und beiseitestellen.
**Step 5:** Die Butter in einer Pfanne schmelzen, die abgetropften Salbeiblätter darin knusprig braten. Herausnehmen und beiseitestellen. Die Zitrone heiß waschen und abtrocknen.

**Step 6:** Die gekochten Gnudi in die Pfanne geben, etwas Kochwasser sowie das restliche Salbeiwasser hinzufügen. Die Pfanne vom Herd nehmen. Den restlichen Parmesan darüberreiben, einige Tropfen Zitronensaft hinzufügen, etwas Zitronenschale darüberreiben und alles vorsichtig vermengen.
**Step 7:** Die knusprigen Salbeiblätter über die Gnudi geben und alles schnell servieren.

# SCHUPFNUDELN
## MIT SAUERKRAUT UND SPECK

Rezept Nummer 46

Für 4 Personen
Zubereitung 50 Min.
Zutaten 1 Monat haltbar
Pro Portion ca. 490 kcal

**Traditionell werden gebratene Schupfnudeln mit Sauerkraut und Speck gerne im Herbst oder auf den Weihnachtsmärkten gegessen. Aber selbstverständlich lassen sich die schwäbischen Fingernudeln auch an kalten Tagen mit Zutaten aus dem Vorrat relativ einfach zubereiten und sind eine tolle Möglichkeit, mal wieder Sauerkraut auf den Tisch zu bringen.**

### AUS DEM VORRAT:

500 g mehligkochende Kartoffeln

200 g Mehl + mehr zum Arbeiten

60 g Hartweizengrieß

1 Ei (M)

Salz | Pfeffer

2 EL Butter

1 Zwiebel

80 g Speckwürfel

350 g Sauerkraut

1 TL Gemüsebrühe (Instant)

200 ml Apfelsaft

frisch geriebene Muskatnuss

1 EL TK-Petersilie

**Step 1:** Die Kartoffeln weich kochen. Dann ausdampfen lassen, schälen und durch eine Kartoffelpresse drücken. In eine Schüssel geben und abkühlen lassen.
**Step 2:** 150 g Mehl, Grieß, Ei und eine Prise Salz zu den Kartoffeln geben. Zuerst grob mit einer Gabel untermengen, dann mit den Händen alles zu einem glatten Teig kneten. Falls der Teig zu klebrig ist, etwas mehr Mehl hinzufügen.
**Step 3:** Den Teig auf einer bemehlten Arbeitsfläche zu ca. 2 cm dicken Rollen formen. Diese in fingerlange Stücke schneiden und zu Schupfnudeln formen. Die fertigen Schupfnudeln auf einem bemehlten Teller oder Brett ablegen.
**Step 4:** Reichlich Wasser aufkochen und salzen. Die Schupfnudeln im simmernden Wasser garen, bis sie an die Oberfläche steigen. Mit einer Schaumkelle herausnehmen und gut abtropfen lassen.
**Step 5:** In einer Pfanne 1 EL Butter erhitzen und die Schupfnudeln darin goldbraun anbraten. Anschließend aus der Pfanne nehmen und beiseitestellen.
**Step 6:** Die Zwiebel schälen und fein würfeln. Den restlichen EL Butter in derselben Pfanne schmelzen lassen. Zwiebeln und Speckwürfel hinzufügen und ca. 3 Min. anbraten. Das

Sauerkraut dazugeben und für weitere 3 Min. anbraten. Dann die Brühe und den Apfelsaft angießen und alles bei mittlerer Hitze ca. 5 Min. köcheln lassen.

**Step 7:** Die angebratenen Schupfnudeln vorsichtig unterheben und alles mit Salz, Pfeffer und Muskat abschmecken. Mit Petersilie bestreuen und servieren.

# PIZZA
## MIT GORGONZOLA-BIRNEN UND ROSMARIN-KARTOFFELN

Rezept Nummer 47

Für 4 Personen
Zubereitung 50 Min.
Backzeit 15 Min.
Gehzeit 1 Std. 30 Min.
Zutaten 1 Monat haltbar
Pro Portion ca. 1435 kcal

**Pizza selbst zu machen ist ein Riesenspaß. Meistens belegen wir jede Pizza mit einem anderen Topping, und während wir sie kurz auf dem Pizzastein in den heißen Ofen schieben, belegen wir schon die nächste. Im Folgenden teile ich zwei seltene Rezepte, die bei unseren Sessions fast am besten ankommen, obwohl sie ohne frische Zutaten auskommen.**

### AUS DEM VORRAT:

2 Pck. Trockenhefe
800 g Mehl (Type 00)
½ TL Salz
400 g Gorgonzola
400 g Frischkäse
2 Eigelb (M)
2 EL H-Milch
Muskatnuss
Salz | Pfeffer
2 Birnen
5 Salbeiblätter
2 Zweige Rosmarin
2 Kartoffeln (400 g)

**Step 1:** Die Trockenhefe mit 8 EL Mehl und 8 EL lauwarmem Wasser in einer Schüssel verrühren. Den Hefeansatz zugedeckt an einem warmen Ort ca. 30 Min. gehen lassen.
**Step 2:** Das restliche Mehl in eine Schüssel geben, den Vorteig und das Salz zufügen. Alles mit 500 ml lauwarmem Wasser zu einem glatten Teig rühren. Den Teig kräftig durchkneten und auf die Arbeitsfläche schlagen. Dann einen Laib formen, zurück in die Schüssel geben, mit einem Tuch bedecken und an einem warmen Ort nochmals mind. 1 Std. gehen lassen, bis sich das Teigvolumen verdoppelt hat.
**Step 3:** Den Gorgonzola leicht zerdrücken. Mit Frischkäse, Eigelb und Milch zu einer glatten Creme rühren, diese mit Muskatnuss, Salz und Pfeffer abschmecken. Die Birnen waschen, vierteln, entkernen und in dünne Spalten schneiden. Kräuter waschen und trocken schütteln, die Salbeiblätter in feine Streifen schneiden. Rosmarin vom Zweig streifen.
**Step 4:** Die Kartoffeln schälen und in ca. 1 mm dicke Scheiben schneiden oder hobeln.
**Step 5:** Den Backofen auf 250° vorheizen. Den Teig in 6–8 Kugeln, jede Kugel dünn zu einer runden Pizza ausrollen und auf ein mit Backpapier belegtes Blech legen.

**Step 6:** Alle Pizzen mit Gorgonzolacreme bestreichen. Die Birnen fächerförmig auf die eine Hälfte legen, die Salbeiblätter daraufstreuen. Die Kartoffelscheiben auf der anderen Hälfte verteilen, die Rosmarinnadeln darüberstreuen.
**Step 7:** Alle Pizzen salzen und pfeffern, dann im heißen Ofen (Mitte) 7–15 Min. backen, bis der Teig goldbraun ist (abhängig vom Pizzastein und Ofen). Herausnehmen und servieren.

# KÄSESPÄTZLE
## MIT RÖSTZWIEBELN

Rezept Nummer 48

**Für 4 Personen**
**Zubereitung 50 Min.**
**Zutaten 1 Monat haltbar**
**Pro Portion ca. 1010 kcal**

**Käsespätzle sind ein traditionelles Gericht der schwäbischen Küche, das sich auch gut zu Hause zubereiten lässt - man benötigt dafür nicht viel mehr als Mehl, Eier, Käse und Zwiebeln. Es lohnt sich wirklich, auf Fertigprodukte zu verzichten und sogar die Röstzwiebeln selbst zu machen.**

### AUS DEM VORRAT:

500 g Mehl + 1 EL für die Zwiebeln
6 Eier (M)
150 ml H-Milch
Salz | Pfeffer
frisch geriebene Muskatnuss
3 Zwiebeln
1 EL Butter
250 g Bergkäse
150 g Emmentaler
2 EL TK-Petersilie

### AUSSERDEM:

Spätzlesieb, -presse oder -hobel
große Auflaufform + Fett für die Form

**Step 1:** In einer großen Schüssel Mehl, Eier und Milch vermengen, bis ein zähflüssiger Teig entsteht. Falls nötig, etwas Wasser hinzufügen, um die gewünschte Konsistenz zu erreichen. Mit je 1 Prise Salz, Pfeffer und Muskatnuss würzen und den Teig mind. 15 Min. ruhen lassen.
**Step 2:** In der Zwischenzeit die Zwiebeln schälen und in feine Ringe schneiden. Die Butter in einer Pfanne erhitzen und die Zwiebelringe darin bei mittlerer Hitze goldbraun braten. Nach dem Braten die Zwiebeln mit 1 EL Mehl bestäuben und überschüssiges Mehl abklopfen – so werden die Röstzwiebeln noch mal knuspriger.
**Step 3:** Beide Käsesorten reiben.
**Step 4:** Den Ofen auf 200° vorheizen. Reichlich Salzwasser in einem großen Topf zum Kochen bringen. Den Teig portionsweise durch ein Spätzlesieb, eine Spätzlepresse oder mit einem Spätzlehobel ins kochende Wasser geben. Die Spätzle kochen lassen, bis sie an der Oberfläche schwimmen, dann mit einem Schaumlöffel herausnehmen und kurz unter kaltem Wasser abspülen. Anschließend sehr gut abtropfen lassen und in eine große Schüssel geben. Sofort etwas geriebenen Käse und Petersilie untermischen, dann die nächste Portion Spätzle ins Wasser geben.

**Step 5:** Eine Auflaufform fetten und die Käsepätzle hineingeben. Dann im heißen Ofen (Mitte) 10–15 Min. überbacken, bis der Käse geschmolzen und leicht gebräunt ist.
**Step 6:** Die gebratenen Zwiebelringe über die Käsepätzle verteilen und alles heiß servieren.

# ZITRONEN LAGERN

**TOP TIPP:**

Im Kühlschrank halten Zitronen 3–4 Wochen. Frischen Zitronensaft kann man 1–2 Tage im Kühlschrank aufbewahren oder portionsweise im Tiefkühler – das ist besonders praktisch! Zitronenschale lässt sich gut im Backofen trocknen und bleibt danach einige Monate aromatisch und verwendbar.

# SPINATCRESPELLE

Rezept Nummer 49

Für 4 Personen
Zubereitung 40 Min.
Ruhezeit 30 Min.
Zutaten 1 Monat haltbar
Pro Portion ca. 870 kcal

**AUS DEM VORRAT:**

500 g TK-Blattspinat
2 Zwiebeln
8 EL Butter
250 g Mehl
4 Eier (M)
Salz | Pfeffer
500 ml H-Milch
neutrales Öl zum Braten
1 Bio-Zitrone
150 g Parmesan
400 g Ricotta
frisch geriebene Muskatnuss

**AUSSERDEM:**

Auflaufform + Fett für die Form

**Crespelle sind italienische Pfannkuchen, eine Mischung aus Omelett und Crêpe. Mit Spinat-Ricotta-Füllung und mit Käse gratiniert sind sie ein herzhafter vegetarischer Genuss.**

**Step 1:** Den Spinat in ein Sieb geben und auftauen lassen.
**Step 2:** Inzwischen die Zwiebeln schälen und würfeln, dann in 4 EL Butter andünsten, bis sie goldgelb sind. Den Spinat dazugeben und bei mittlerer bis großer Hitze offen dünsten, bis die Flüssigkeit verdampft ist. Den Topf vom Herd ziehen und den Spinat abkühlen lassen.
**Step 3:** In einer Schüssel Mehl, Eier, 1 TL Salz und Milch zu einem glatten Teig verrühren. 2 EL Butter schmelzen und unter den Teig rühren. Die Schüssel beiseitestellen und den Teig für ca. 30 Min. quellen lassen.
**Step 4:** Etwas Öl in einer beschichteten Pfanne erhitzen. Den Teig portionsweise hineingeben, stocken lassen, wenden und in je 6 Min. zu Pfannkuchen backen. Diese herausnehmen und auf einem Teller beiseitestellen.
**Step 5:** Den Backofen auf 180° vorheizen. Die Zitrone heiß waschen und abtrocknen, etwas Schale fein abreiben. Den Parmesan reiben. 100 g geriebenen Parmesan mit dem Ricotta vermengen, die Masse kräftig mit Salz, Pfeffer, Muskatnuss und Zitronenabrieb würzen. Anschließend die Spinatmischung unterheben.
**Step 6:** Die Spinat-Ricotta-Mischung gleichmäßig auf die ausgebackenen Pfannkuchen verteilen und diese zu Rollen aufrollen. Eine Auflaufform fetten, dann die Pfannkuchenrollen mit der Naht nach unten hineinlegen.

**Step 7:** Die restlichen 2 EL Butter schmelzen und mit den restlichen 50 g Parmesan über die Crespelle geben. Dann die Crespelle im heißen Ofen (Mitte) in ca. 25 Min. goldbraun backen. Herausnehmen und servieren.

# MALFATTI

Rezept Nummer 50

Für 4 Personen
Zubereitung 50 Min.
Zutaten 1 Monat haltbar
Pro Portion ca. 590 kcal

**Kreativität entspringt nicht selten aus Mangel. Vor 100 Jahren ging einer Köchin der Ravioliteig aus, weshalb sie kurzerhand die Füllung zu Kugeln formte und den Gästen ohne Hülle servierte. Aus der Not heraus entstanden die malfatti - wörtlich übersetzt die »schlecht Gemachten« -, die bis heute überall große Beliebtheit genießen. Gut gemacht!**

## AUS DEM VORRAT:

500 g TK-Blattspinat
1 Zwiebel
100 g Butter
100 g Parmesan
150 g Ricotta
2 Eier (M)
1 Eigelb (M)
Salz | Pfeffer
frisch geriebene Muskatnuss
200 g Mehl

## AUSSERDEM:

Auflaufform

**Step 1:** Den Spinat in ein Sieb geben und auftauen lassen.
**Step 2:** Die Zwiebel schälen, fein würfeln und in etwas Butter glasig dünsten. Den Spinat hacken und ein paar Min. mitdünsten. Dann den Topf vom Herd ziehen und den Spinat etwas abkühlen lassen.
**Step 3:** Den Parmesan reiben. Den Ricotta mit den Eiern und dem Eigelb cremig rühren. Den Spinat und 50 g Parmesan zufügen, die Masse mit etwas Salz (vorsichtig, Parmesan hat bereits Salz), Pfeffer und Muskatnuss würzen. Das Mehl unter stetigem Rühren unterrühren, bis der Teig glatt ist.
**Step 4:** Den Backofen auf 180° vorheizen. In einem großen, flachen Topf ca. 3 l Wasser zum Kochen bringen und salzen. Mit 2 Esslöffeln Nocken aus dem Teig abstechen und diese ins kochende Wasser geben. Die Malfatti ziehen lassen, bis sie an der Oberfläche schwimmen.
**Step 5:** Die Malfatti mit einem Schaumlöffel abschöpfen und abgetropft in eine ofenfeste Form geben. Die restliche Butter in kleinen Stückchen darübergeben und die Form für ca. 5 Min. in den heißen Ofen (Mitte) geben.
**Step 6:** Herausnehmen, die Malfatti mit den restlichen 50 g Parmesan bestreuen und sofort servieren.

# ZWIEBELKUCHEN
## MIT SPECK

Rezept Nummer 51

Für 4 Personen
Zubereitungszeit 40 Min.
Ruhezeit 30 Min.
Backzeit 30 Min.
Zutaten 1 Monat haltbar
Pro Portion ca. 1115 kcal

### AUS DEM VORRAT:

250 g Mehl + mehr zum Arbeiten

70 g gemahlene Mandeln (ersatzweise Haselnüsse)

1 EL Zucker

½ TL Salz

150 g kalte Butter

4 Eier (M)

1,5 kg Zwiebeln

150 g Speckwürfel

5 EL TK-Petersilie

300 g H-Sahne (ersatzweise Crème fraîche)

Salz | Pfeffer

frisch geriebene Muskatnuss

**Ein Fest für kalte Tage! Der Boden dieses herzhaften Kuchens besteht aus einem Mürbeteig, der zusätzlich gemahlene Mandeln enthält. Und nein, die Menge an Zwiebeln ist kein Druckfehler - schließlich ist der Kuchen nach ihnen benannt.**

**Step 1:** Für den Teig das Mehl, Mandeln, Zucker und Salz in einer Schüssel mischen un auf die Arbeitsfläche sieben. Die kalte Butter in Stückchen, 1 Ei und 2 EL kaltes Wasser dazugeben und alles zügig mit den Fingerspitzen zu einem Teig verkneten. Diesen in Frischhaltefolie wickeln und ca. 30 Min. im Kühlschrank ruhen lassen.
**Step 2:** Inzwischen die Zwiebeln schälen und in Scheiben schneiden. Die Speckwürfel in einer großen Pfanne bei mittlerer Hitze anbraten. Die Zwiebelscheiben dazugeben und goldbraun dünsten, dabei öfter umrühren. Die Petersilie unter die Zwiebeln mischen, die Pfanne vom Herd nehmen.
**Step 3:** Die Sahne mit den restlichen 3 Eiern verquirlen, die Masse mit Salz, Pfeffer und Muskat würzen.
**Step 4:** Den Backofen auf 200° vorheizen. Den Teig auf einer mit Mehl bestäubten Arbeitsfläche ausrollen und auf ein mit Backpapier belegtes Blech geben. Mit einer Gabel einige Löcher in den Teigboden stechen.
**Step 5:** Die Zwiebel-Speck-Mischung gleichmäßig auf dem Teig verteilen, dann die Sahne-Eier-Mischung darübergießen. Den Zwiebelkuchen im heißen Backofen (unten) in ca. 30 Min. goldbraun backen. Herausnehmen und vor dem Servieren etwas abkühlen lassen.

# FLAMMKUCHEN

Rezept Nummer 52

Für 4 Personen
Zubereitungszeit 40 Min.
Ruhezeit 30 Min.
Backzeit 18 Min.
Zutaten 1 Monat haltbar
Pro Portion ca. 890 kcal

**Endlich wieder Flammkuchen! Diese Köstlichkeit aus dem Elsass, auch bekannt als tarte flambée, ist perfekt für Feiertage, wenn man das Einkaufen vergessen hat. Mit nur wenigen Zutaten zaubert man im Handumdrehen ein köstliches Gericht, das problemlos gelingt und immer gut schmeckt.**

**AUS DEM VORRAT:**

500 g Mehl
4 EL Olivenöl
Salz | Pfeffer
2 Zwiebeln
300 g Crème fraîche (30 % Fett)
150 g Speckwürfel
frisch geriebene Muskatnuss

**Step 1:** Mehl, Olivenöl und 1 Prise Salz mit 300 ml Wasser in einer Schüssel zu einem geschmeidigen Teig kneten. Den Teig in Frischhaltefolie wickeln und für mind. 30 Min. im Kühlschrank ruhen lassen.
**Step 2:** In der Zwischenzeit die Zwiebeln schälen und in dünne Ringe schneiden oder hobeln.
**Step 3:** Den Backofen auf 190° vorheizen. Den Teig auf einer bemehlten Arbeitsfläche ca. 0,3 cm dick ausrollen.
**Step 4:** Die Crème fraîche gleichmäßig auf dem Teig verstreichen, dabei einen kleinen Rand frei lassen. Speckwürfel und Zwiebelringe gleichmäßig auf der Crème fraîche verteilen, dann etwas Pfeffer und Muskatnuss darübergeben.
**Step 5:** Den Flammkuchen auf ein mit Backpapier belegtes Backblech geben und im heißen Ofen (Mitte) 15–18 Min. backen, bis der Teig knusprig ist und die Beläge goldbraun sind. Herausnehmen und servieren.

# PITA MIT LINSENCREME

Rezept Nummer 53

**Für 4 Personen**
**Zubereitungszeit 1 Std. 15 Min.**
**Backzeit 7 Min.**
**Zutaten 1 Monat haltbar**
**Pro Portion ca. 605 kcal**

**AUS DEM VORRAT:**

400 g Mehl + mehr zum Arbeiten
2 TL Trockenhefe
Salz | Pfeffer
2 TL Zucker
4 EL Olivenöl
1 Zwiebel
1 Knoblauchzehe
1 Stück Ingwer (ca. 2 cm)
2 TL Gemüsebrühe (Instant)
2 EL Tomatenmark
1 TL gemahlener Kreuzkümmel
150 g rote Linsen
2–3 Spritzer Zitronensaft
1 EL Honig
1 TL Harissa

**Aus Hefeteig lassen sich recht simple, aber sehr fluffige Pitabrote backen, die man am besten noch warm mit dem ein oder anderen Dip serviert. Hier gibt es eine feine Variante mit Linsen.**

**Step 1:** Mehl, Trockenhefe, 1 TL Salz und Zucker in einer großen Schüssel vermischen. Langsam 200 ml lauwarmes Wasser hinzufügen und alles zu einem Teig kneten. 1 EL Olivenöl dazugeben und kneten, bis ein weicher Teig entsteht.
**Step 2:** Den Teig auf einer leicht bemehlten Oberfläche 5–7 Min. lang kneten, bis er geschmeidig und elastisch ist. In die Schüssel zurücklegen, abdecken und an einem warmen Ort ca. 1 Std. gehen lassen, bis er sich verdoppelt hat.
**Step 3:** Inzwischen Zwiebel, Knoblauch und Ingwer schälen und fein würfeln. Das Gemüsebrühpulver in 400 ml kochendem Wasser auflösen. Die restlichen 3 EL Olivenöl in einem Topf erhitzen, die vorbereiteten Zutaten kurz darin andünsten. Anschließend Tomatenmark, Kreuzkümmel und Linsen hinzufügen, kurz anbraten und mit Brühe ablöschen. Die Linsen bei mittlerer Hitze ca. 25 Min. zugedeckt weich garen.
**Step 4:** Die Linsen fein pürieren und die Creme mit Salz, Pfeffer, Zitronensaft, Honig und Harissa abschmecken.
**Step 5:** Den Backofen auf 220° vorheizen. Den Teig auf eine bemehlte Arbeitsfläche geben und behutsam durchkneten, dann in 10 gleich große Portionen teilen und diese zu Kugeln formen. Jede Portion zu einem 0,5 cm dicken Fladen formen. Diese auf ein mit Backpapier ausgelegtes Backblech legen und im heißen Ofen (Mitte) 5–7 Min. backen, bis sie aufgegangen und goldbraun sind.

**Step 6:** Die fertigen Brote aus dem Ofen nehmen und kurz abkühlen lassen, dann mit der Linsencreme servieren.

# WAS SÜSSES

# STICKY RICE
## MIT MANGO

Rezept Nummer 54

Für 4 Personen
Zubereitung 30 Min.
Ruhezeit 1 Std.
Garzeit 30 Min.
Zutaten 1 Jahr haltbar
Pro Portion ca. 395 kcal

**Als Kind verband ich »chinesisch essen gehen« immer automatisch mit süßsauer. Später war ich öfter in China und habe die vielfältigsten Geschmacksrichtungen schätzen gelernt - von mild bis hin zu extrem scharf (besonders in der Sichuan-Küche). Eine interessante und zunächst unscheinbare Kombination entdeckte ich erst relativ spät: süß und salzig.**

### AUS DEM VORRAT:

200 g Klebreis
500 g TK-Mango
2 EL Sesam
1 Dose Kokosmilch (400 g)
100 g Zucker
Salz
2 TL Speisestärke

**Step 1:** Den Reis in einer großen Schüssel mit so viel Wasser übergießen, dass es mehrere Zentimeter hoch steht. Bei Zimmertemperatur ca. 1 Std. stehen lassen. Dann in ein Sieb abgießen, kalt abbrausen und abtropfen lassen. 300 ml Wasser in einem Topf erhitzen, den Reis zugeben und bei mittlerer Hitze 25–30 Min. zugedeckt köcheln lassen, bis er das Wasser aufgesogen hat.
**Step 2:** Die Mango in einem kleinen Topf mit etwas Wasser bei kleiner Hitze kurz auftauen und abkühlen lassen.
**Step 3:** Inzwischen den Sesam ohne Fett rösten. Die Hälfte der Kokosmilch unter häufigem Rühren zum Köcheln bringen. 70 g Zucker und 1 kräftige Prise Salz einrühren, dann die Kokosmilch über den Reis gießen. Gut umrühren, mit Frischhaltefolie abdecken und ca. 20 Min. stehen lassen, bis die Flüssigkeit aufgesogen ist.
**Step 4:** Inzwischen die restlichen 200 g Kokosmilch bei mittlerer Hitze und unter häufigem Rühren zum Köcheln bringen. Die Speisestärke mit 3–4 TL heißer Kokosmilch glatt rühren, dann in die restliche Kokosmilch einrühren. Alles ca. 3 Min. köchelnd eindicken lassen, dann die restlichen 30 g Zucker und 1 große Prise Salz in die Creme einrühren.

**Step 5:** Den Kokosreis neben den abgekühlten oder lauwarmen Mangostücken anrichten. Die Kokoscreme auf den Reis träufeln und alles vor dem Servieren mit Sesam garnieren.

# DAMPFNUDELN

## MIT VANILLESAUCE

Rezept Nummer 55

Für 4 Personen
Zubereitung 20 Min.
Ruhezeit 45 Min.
Backzeit 30 Min.
Zutaten 6 Monate haltbar
Pro Portion ca. 855 kcal

**Natürlich kann man Dampfnudeln zubereiten, ohne den Blues zu haben. Wobei sie gerade mit dem knusprigen Boden und der weichen Krume im Winter ein willkommener Seelentröster sind und ein bisschen Skihütten-Stimmung nach Hause zaubern. Bei uns zu Hause wurden sie immer in einer großen Pfanne mit Glasdeckel zubereitet und so mache ich es heute noch.**

**AUS DEM VORRAT:**

500 g Mehl + mehr zum Arbeiten
1 Pck. Trockenhefe
1,25 l H-Milch
50 g Zucker
2 Eier (M)
1 TL Salz
50 g Butter
1 Pck. Vanillesauce
Zwetschgenmus

**Step 1:** Das Mehl in eine Schüssel sieben, in die Mitte eine Mulde hineindrücken und die Trockenhefe hineingeben. 50 ml Milch mit einer Prise Zucker zur Hefe geben und mit etwas Mehl vermischen. Den Vorteig abdecken und ca. 15 Min. an einem warmen Ort gehen lassen.
**Step 2:** 200 ml Milch, Eier und ½ TL Salz zum Vorteig geben. Den Hefeteig so lange kneten, bis ein glatter und elastischer Teig entstanden ist, der sich leicht vom Schüsselrand löst. Diesen noch einmal mind. 45 Min. zugedeckt an einem warmen Ort lassen, bis er sich verdoppelt hat.
**Step 3:** Den Teig mit den Händen auf einem leicht bemehlten Brett kräftig durchkneten und zu 8 Kugeln formen.
**Step 4:** In einem Topf oder einer hohen Pfanne 500 ml Milch zum Kochen bringen, die Butter und 2 EL Zucker hineingeben. Wenn die Butter geschmolzen ist, die Teigkugeln hineingeben und bei kleiner Hitze mit einem gut schließenden (Glas-)Deckel 20–25 Min. köcheln lassen. Der Deckel sollte in der Zwischenzeit nicht geöffnet werden.
**Step 5:** Ist die Milch vollständig eingekocht, sind die Dampfnudeln fertig. Man erkennt das auch an der goldbraunen Kruste am Boden, wenn man die Dampfnudeln vom Boden

hebt. Sollte die Kruste noch zu hell sein, einfach noch ein paar Min. auf dem Herd lassen.

**Step 6:** Während die Dampfnudeln backen, aus den restlichen 500 ml Milch und 20 g Zucker nach Packungsanweisung die Vanillesauce zubereiten. Dann die Dampfnudeln mit Zwetschgenmus und Vanillesauce servieren.

# MARILLENAUFLAUF

## MIT GRIESS UND QUARK

Rezept Nummer 56

Für 4 Personen
Zubereitung 15 Min.
Backzeit 50 Min.
Zutaten 1 Monat haltbar
Pro Portion ca. 675 kcal

**Das Geheimnis dieses süßen Auflaufs ist, dass er auch mit Früchten aus dem Glas oder der Dose wunderbar schmeckt und zudem ganz schnell und einfach zubereitet ist. Wer keine Früchte aus der Dose hat, kann natürlich auch frisches Obst verwenden.**

### AUS DEM VORRAT:

100 g weiche Butter
80 g Zucker
1 Pck. Vanillezucker
4 Eier (M)
500 g Magerquark
90 g Weichweizengrieß
1 Vanilleschote
800 g Marillen (Glas, ohne Stein)

### AUSSERDEM:

Auflaufform + Fett für die Form
Zimtpulver und Zucker

**Step 1:** Den Backofen auf 180° vorheizen. Die Butter mit Zucker und Vanillezucker in einer Schüssel schaumig rühren.
**Step 2:** Die Eier trennen, das Eiweiß beiseitestellen. Das Eigelb zur Buttermasse geben und unterrühren. Dann Quark und Grieß ebenfalls unter die Masse rühren. Das Mark der Vanilleschote mit einem Messer herauskratzen und ebenso unter die Masse rühren.
**Step 3:** Das Eiweiß mit den Quirlen des Handrührgeräts steif schlagen, dann vorsichtig unter die Masse heben.
**Step 4:** Die Marillen abtropfen lassen, halbieren und vorsichtig unter die Quarkmasse heben.
**Step 5:** Die Auflaufform einfetten, die Quarkmasse hineingeben. Den Auflauf in den Ofen (unten) schieben und ca. 50 Min. backen. Dann herausnehmen und noch warm mit Zimt und Zucker servieren.

# MEHL LAGERN

**TOP TIPP:**

In Sachen Haltbarkeit hat Weißmehl klar die Nase vorn. So ist ein Weizenmehl Type 405 länger haltbar als ein Weizenmehl Type 1050 oder Weizenvollkornmehl: Je höher der Ausmahlgrad, desto mehr Fett enthält das Mehl und desto schneller wird es ranzig.

# MARILLENKNÖDEL

Rezept Nummer 57

**Für 4 Personen**
**Zubereitung 40 Min.**
**Zutaten 1 Monat haltbar**
**Pro Portion ca. 635 kcal**

**Das Geheimnis des Wachauer Marillenknödels ist der Kartoffelteig und die Füllung. Mit dem Brösel-Zucker-Gemisch serviert wird er zum Hochgenuss und schmeckt wie das Original.**

**AUS DEM VORRAT:**

500 g mehligkochende Kartoffeln
50 g Hartweizengrieß
150 g doppelgriffiges Mehl
1 Ei (M)
Salz
24 Marillen (Glas, ohne Stein)
100 g Butter
100 g Semmelbrösel
2 EL Zucker
1 TL Zimtpulver

**Step 1:** Die Kartoffeln kochen, schälen und noch warm durch eine Kartoffelpresse drücken. Die Kartoffelmasse auf einem Blech ausbreiten und auskühlen lassen.
**Step 2:** Anschließend die ausgekühlte Kartoffelmasse mit Hartweizengrieß, Mehl, Ei und einer Prise Salz zu einem glatten Teig verarbeiten.
**Step 3:** Den Teig in 12 gleich große Portionen teilen. Jeweils ein bis zwei Marillen in den Teig einhüllen und diesen zu glatten Knödeln formen.
**Step 4:** Die Knödel in leicht gesalzenem, siedendem Wasser ca. 20 Min. ziehen lassen.
**Step 5:** Inzwischen die Butter in einer Pfanne schmelzen lassen, die Semmelbrösel hinzufügen und leicht anrösten. Dann Zucker und Zimt unterrühren.
**Step 6:** Die Knödel mit einem Schaumlöffel vorsichtig aus dem Wasser nehmen, abtropfen lassen und in den Zimtbröseln wenden, dann servieren.

# MAMAS MILCHREIS

Rezept Nummer 58

Für 4 Personen
Zubereitung 35 Min.
Zutaten 1 Jahr haltbar
Pro Portion ca. 425 kcal

**Süße Reisgerichte werden fast überall auf der Welt gegessen - und wer hat's erfunden? Der Milchreis, wie wir ihn kennen, hat seine Wurzeln vermutlich in Italien: Zwischen Mailand und Turin wird rund um die Stadt Arborio der berühmte Rundkornreis angebaut. Neben herzhaften Risottos begann man dort schon früh, auch süße Reisspeisen zu kochen, aus denen sich der Milchreis entwickelte.**

### AUS DEM VORRAT:

1 l H-Milch (3,8 %)
4 EL Zucker
1 Lorbeerblatt
1 TL Vanilleextrakt
Salz
250 g Milchreis
1 TL Zimtpulver

**Step 1:** Milch, 2 EL Zucker, Lorbeerblatt, Vanilleextrakt und etwas Salz in einem Topf aufkochen lassen. Den Reis dazugeben und alles noch einmal kurz aufkochen lassen.
**Step 2:** Den Reis mit geschlossenem Deckel und bei kleiner Hitze ca. 30 Min. ausquellen lassen, ab und zu umrühren.
**Step 3:** Die restlichen 2 EL Zucker mit dem Zimt vermischen. Das Lorbeerblatt entfernen und den fertigen Milchreis mit Zimtzucker servieren.

**TOP TIPP:**

Wer den Reis vorher gründlich wäscht, entfernt überschüssige Stärke und verhindert so ein Ankleben der Reiskörner.

# KAISERSCHMARRN

Rezept Nummer 59

Für 4 Personen
Zubereitung 35 Min.
Zutaten 1 Monat haltbar
Pro Portion ca. 675 kcal

**Jetzt wird es persönlich: Diesen Kaiserschmarrn hatte ich mal vor über 20 Jahren einer Dame zum ersten Date serviert. Geschmeckt hat er ihr, aber sie hat sich noch lange darüber amüsiert, dass ich sie wirklich mit einer Mehlspeise rumkriegen wollte. Na ja, sie wusste wohl nicht, dass man ihn zuerst der österreichischen Kaiserin Elisabeth serviert hat.**

AUS DEM VORRAT:

60 g Rosinen
100 ml Rum (ersatzweise Grappa)
5 Eier (L)
250 g Mehl
50 g Zucker
1 Pck. Vanillezucker
400 ml H-Milch
Salz
50 g Butter
Puderzucker
Apfelmus

**Step 1:** Die Rosinen in einer kleinen Schüssel mit dem Rum übergießen und für mind. 30 Min. ziehen lassen.
**Step 2:** Die Eier trennen und das Eigelb in eine große Schüssel geben. Das Eiweiß beiseitestellen.
**Step 3:** Mehl, Zucker, Vanillezucker und Milch zum Eigelb geben und alles zu einem glatten Teig verrühren.
**Step 4:** Das Eiweiß mit einer Prise Salz steif schlagen, dann vorsichtig unter den Teig heben.
**Step 5:** Die Rosinen in einem Sieb gut abtropfen lassen, dann unter den Teig rühren.
**Step 6:** Eine große Pfanne bei mittlerer Hitze erwärmen und etwas Butter darin schmelzen lassen. Den Teig in die Pfanne geben und auf einer Seite goldbraun backen. Anschließend wenden und in kleine Stücke zerteilen.
**Step 7:** Die restliche Butter hinzufügen und etwas Puderzucker darüberstreuen. Den Kaiserschmarren goldbraun braten und dabei gelegentlich wenden, bis er etwas karamellisiert.
**Step 8:** Den fertigen Kaiserschmarren großzügig mit Puderzucker bestreuen und mit Apfelmus servieren.

# RICOTTA-PANCAKES

Rezept Nummer 60

Für 4 Personen
Zubereitung 35 Min.
Zutaten 1 Monat haltbar
Pro Portion ca. 975 kcal

**Leider nix für Menschen mit einer Butterunverträglichkeit - in amerikanischen Rezepten wird nicht gekleckert, sondern geklotzt! Deswegen sind diese luftigen Pancakes mit knuspriger Kruste auch etwas kalorischer als klassische Pfannkuchen, aber einfach wirklich lecker.**

**AUS DEM VORRAT:**

300 g Mehl
50 g Zucker
1 ½ TL Backpulver
1 TL Salz
170 g Butter + mehr zum Braten
4 Eier (M)
500 ml H-Milch
2 TL Vanilleextrakt
350 g Ricotta
Ahornsirup und Puderzucker zum Servieren

**Step 1:** Mehl, Zucker, Backpulver und Salz in einer großen Schüssel vermischen.
**Step 2:** Die Butter schmelzen, die Eier trennen. In einer zweiten Schüssel Butter, Eigelb, Milch, Vanilleextrakt und Ricotta zu einer homogenen Masse rühren.
**Step 3:** Den Ricotta-Mix zu den trockenen Zutaten geben und vorsichtig unterheben.
**Step 4:** Die Eiweiße mit einer Prise Salz steif schlagen, dann vorsichtig unter die Teigmischung heben.
**Step 5:** Eine Pfanne bei mittlerer Hitze erhitzen, etwas Butter darin schmelzen und den Teig esslöffelweise hineingeben. Die Pancakes je 2–3 Min. pro Seite backen, dann herausnehmen und mit Ahornsirup und etwas Puderzucker servieren.

# Rezeptregister

## N



## O



## P/Q

# APPETIT AUF MEHR?

ISBN 978-3-8338-9046-8

ISBN 978-3-8338-9325-4

ISBN 978-3-8338-9074-1

ISBN 978-3-8338-9047-5

Alle hier vorgestellten Bücher sind auch als eBook erhältlich.

ISBN 978-3-8338-9458-9

ISBN 978-3-8338-7080-4

**LIEBE LESERINNEN UND LESER,**

wir wollen Ihnen mit diesem Buch Informationen und Anregungen geben, um Ihnen das Leben zu erleichtern oder Sie zu inspirieren, Neues auszuprobieren. Wir achten bei der Erstellung unserer Bücher auf Aktualität und stellen höchste Ansprüche an Inhalt und Gestaltung. Alle Anleitungen und Rezepte werden von unseren Autoren, jeweils Experten auf ihren Gebieten, gewissenhaft erstellt und von unseren Redakteur*innen mit größter Sorgfalt ausgewählt und geprüft.

Haben wir Ihre Erwartungen erfüllt? Sind Sie mit diesem Buch und seinen Inhalten zufrieden? Wir freuen uns auf Ihre Rückmeldung. Und wir freuen uns, wenn Sie diesen Titel weiterempfehlen, in Ihrem Freundeskreis oder bei Ihrem Online-Kauf.

Sollten wir Ihre Erwartungen so gar nicht erfüllt haben, tauschen wir Ihnen Ihr Buch jederzeit gegen ein gleichwertiges zum gleichen oder ähnlichen Thema um.

**KONTAKT ZUM LESERSERVICE**

GRÄFE UND UNZER VERLAG
Grillparzerstraße 12
81675 München
www.gu.de

# Impressum

GU ist eine eingetragene Marke der GRÄFE UND UNZER VERLAG GmbH, www.gu.de
ISBN 978-3-8338-9398-8
1. Auflage 2024


Projektleitung: Nathalie Künzl, Alessandra Redies
Lektorat: Melanie Haizmann
Korrektorat: Andrea Lazarovici
Umschlaggestaltung und Layout: ki 36 Editorial Design, Sabine Krohberger, München
Herstellung: Petra Roth
Satz: Christopher Hammond
Reproduktion: Medienprinzen GmbH, München
Druck und Bindung: dimograf

*Ein Unternehmen der*
GANSKE VERLAGSGRUPPE

Der Autor
Clemens Dreyer lebt mit seiner Familie in München, wo er in seiner Küche am liebsten ohne Schürze mit klassischen und neuen Geschmackskombinationen experimentiert. Wenn er nicht gerade an kulinarischen Kreationen arbeitet, entwickelt er Kommunikationsstrategien für Kunden mit Fokus auf Nachhaltigkeit und 360°-Fotografie.

Umwelthinweis:
Nachhaltigkeit ist uns sehr wichtig. Der Rohstoff Papier ist in der Buchproduktion hierfür von entscheidender Bedeutung. Daher ist dieses Buch auf PEFC-zertifiziertem Papier gedruckt. PEFC garantiert, dass ökologische, soziale und ökonomische Aspekte in der Verarbeitungskette unabhängig überwacht werden und lückenlos nachvollziehbar sind.

Die GU-Homepage finden Sie unter www.gu.de

Bildnachweis:
Maria Grossmann/Monika Schuerle: Seite 50; iStock: Cover-Illustration (Iryna Alekselenko), Seite 2 (industryview); Silvio Knezevic: Seite 20; Coco Lang: Seite 15,17; Ursula Schersch: Seite 122; The Noun Project: Schmuck-Illustrationen innen; Unsplashed: Seite 9 (Gabrielle Ribeiro), 62 (Shelley Pauls), 86 (Lars Blankers), 98 (Lukasz Rawa), 110 (Erol Ahmed), 131 (Tirza van Dijk), 145 (Fedor), 152 (HowToGym); alle anderen: Stockfood Studios/Julia Hoersch

Bildagentur Image Professionals GmbH, Tumblingerstr. 32, 80337 München
www.imageprofessionals.com